C.H.BECK WISSEN

Die Philosophie des 20. Jahrhunderts ist ohne die umwälzenden historischen Ereignisse und naturwissenschaftlichen Entdeckungen nicht zu verstehen. Vor diesem Hintergrund erklärt Thomas Rentsch die Höhepunkte der modernen und gegenwärtigen Philosophie – von Ludwig Wittgensteins Sprachkritik, Heideggers Ontologiekritik und Adornos Verdinglichungskritik bis zur französisch geprägten Postmoderne.

Diese Einführung zeigt, dass sich die auf den ersten Blick gegensätzlichen Schulrichtungen immer wieder ergänzen und so produktiv fortwirken.

Thomas Rentsch ist Professor für Philosophie an der TU Dresden. Er arbeitet vor allem zur Hermeneutik, Sprachphilosophie und praktischen Philosophie. Von ihm erschienen sind u. a. *Heidegger und Wittgenstein* (1985), *Die Konstitution der Moralität* (1990), *Gott* (2005), *Transzendenz und Negativität* (2011).

Thomas Rentsch

PHILOSOPHIE DES 20. JAHRHUNDERTS

Von Husserl bis Derrida

Verlag C.H.Beck

Originalausgabe

Satz: Fotosatz Amann, Memmingen
Druck und Bindung: Druckerei C.H.Beck, Nördlingen
Umschlagentwurf: Uwe Göbel, München
Umschlagabbildung: Cassirer und Heidegger in Davos, 1929

Printed in Germany
ISBN 978 3 406 66142 6

www.beck.de

Inhalt

Einführung

Die Philosophie des 20. Jahrhunderts ist ein Höhepunkt der 2500-jährigen Philosophiegeschichte, geprägt sowohl durch eine sehr weitreichende Ausdifferenzierung der thematischen Schwerpunkte und Schulbildungen als auch durch eine Radikalisierung der Vernunftkritik auf allen Ebenen – vom Unbewussten über die menschliche Existenz und die Sprache bis zu Gesellschaft und Wissenschaft. Diese Radikalisierung wird befördert durch die katastrophalen Ereignisse der ersten Hälfte des Jahrhunderts: die Weltkriege, der Holocaust, Hiroshima. Die Moderne bildet sich nicht nur angesichts bahnbrechender technischer, sozialer und wissenschaftlicher Innovationsprozesse heraus, sondern ebenso unter dem Eindruck beispielloser Zerstörungsprozesse.

In der folgenden Darstellung ist die These leitend, dass die sich im Laufe des 20. Jahrhunderts auch gegeneinander vereinseitigenden und spezialisierenden Ansätze der kritischen Reflexion in der Gegenwart und Zukunft wieder produktiv verbinden und wechselseitig ergänzen können. Anstatt die Kritik bis zu Formen des extremen Relativismus und der Selbstdestruktion der abendländischen Rationalität zu treiben, können wir mittlerweile aus allen Ansätzen konstruktiv lernen, ohne sie noch unter Schulzwängen dogmatisch zu übernehmen. Auf diese Weise werden neue Formen humanen Lebens und gemeinsamer menschlicher Praxis inter- und transkulturell denkbar, die für unsere Fähigkeiten und Möglichkeiten auf dem Grund unserer Endlichkeit und Begrenztheit neue Verständnisse eröffnen.

Ebenso lässt sich meine Darstellung daher von der These leiten, dass sich die bedeutendsten Leistungen der Philosophie des 20. Jahrhunderts – die Sprachkritik Wittgensteins, die Ontologiekritik Heideggers und die Entfremdungs- und Verdinglichungskritik Adornos – bei genauerer Analyse ihrer Tiefenstruktur viel näher stehen, als dies gemeinhin und im Kontext von vereinseitigenden Rezeptionen wahrgenommen wird.

I. Die Jahrhundertwende: Die großen Vorläufer – Anschlüsse, Übergänge, Neuanfänge

Um die Entstehung und Entwicklung der Philosophie des 20. Jahrhunderts zu begreifen, ist es ganz wichtig, zunächst zu sehen, welche zentralen außerakademischen und nicht-philosophischen Ansätze und Leistungen des 19. und 20. Jahrhunderts prägend auf diese Philosophie einwirkten. Tiefgreifende Umbrüche und Radikalisierungen sind charakteristisch für das Denken in dieser Epoche, weil ja auch Gesellschaft, Kultur, Technik, Wissenschaft und individuelle Selbstverständnisse sich, oft extrem, veränderten. Zu den einflussreichsten Denkern gehören daher Kierkegaard, Marx, Peirce, Nietzsche, Frege, Freud und Einstein, die im Umbruch vom 19. zum 20. Jahrhundert außergewöhnliche Paradigmenwechsel begründeten und für Revolutionen der Reflexion stehen. Ohne Existenzphilosophie, Marxismus, pragmatische Sprach- und logische Begriffsanalyse, ohne Zivilisations- und Moralkritik, Psychoanalyse und Relativitätstheorie lässt sich die Philosophie des 20. Jahrhunderts nicht verstehen. Und diese Ansätze gründen eben oft noch tief im 19. Jahrhundert und wurden bezeichnenderweise oft von Außenseitern entwickelt. Für sie war zunächst kein Platz in der «normalen Wissenschaft» und Philosophie.

Sören Kierkegaard (1813–1855) hatte zwar auch Philosophie studiert, verfasste seine literarisch-philosophischen Hauptwerke, so *Entweder – Oder* (1843), *Furcht und Zittern* (1843), *Der Begriff Angst* (1844) und *Die Krankheit zum Tode* (1849) aber außerhalb universitärer Kontexte. Mit seinen radikalen Analysen der menschlichen Existenz und ihrer Endlichkeit in augenblicklichen Entscheidungssituationen (*Der Augenblick*, 1855), in Furcht und Angst, und vor den ästhetischen, ethischen und religiösen Lebensmöglichkeiten begründete er die das 20. Jahrhundert mit prägende *Existenzphilosophie* (Jaspers), die *Existenzialontologie* (Heidegger) und den *Existentialismus* (Sartre, Camus).

Auch Karl Marx (1818–1883), akademisch ausgebildet, erarbeitete sein epochales Werk *Das Kapital* (1. Band 1867) und seine Schriften *Zur Kritik der politischen Ökonomie* (1857–59) außerhalb der Universität und hatte mit seinem Hegels Denken radikalisiert weiterführenden Ansatz des historischen und dialektischen Materialismus weltweite Wirkung auf die Entwicklung des Sozialismus und des Kommunismus. Der an ihn anschließende theoretische Marxismus nahm im 20. Jahrhundert auf komplexe Weise auch akademische Gestalt an.

Für die Entwicklung der Philosophie in der zweiten Hälfte des 20. Jahrhunderts ist die Rezeption des amerikanischen Pragmatismus von großer Bedeutung. Charles Sanders Peirce (1839–1914), William James (1842–1910) und John Dewey (1859–1952) entwerfen in den USA eine Erkenntnistheorie und Wissenschaftslehre auf handlungstheoretischer Grundlage, die bei empirischen Alltagsphänomenen ansetzt, langfristige Entwicklungsprozesse stark in die Reflexion von Geltungsfragen einbezieht und von Beginn an demokratische Ideale als sinnkonstitutives Fundament von Wahrheitsansprüchen betrachtet. Auf diese Weise werden die normativen, praktischen Implikationen auch und gerade deskriptiver, theoretischer, wissenschaftlicher Entwürfe ebenso deutlich wie die deskriptiven theoretischen Voraussetzungen praktischer Disziplinen wie der Pädagogik und Soziologie. Charles S. Peirce studierte zwar Philosophie, wurde aber Vermessungsingenieur. Auch die internationale Wirkung seiner zeichentheoretischen, semiotischen Transformation der Erkenntniskritik (v. a. Kants) beginnt erst in der zweiten Hälfte des 20. Jahrhunderts. Indem Peirce den gemeinsamen menschlichen Gebrauch von Zeichen zur Verständigung ins Zentrum seiner Analyse rückt, verbindet er Sprachphilosophie mit Pragmatik und Sozialphilosophie – wegweisend für systematische Ansätze des 20. Jahrhunderts wie die der Transzendental- und der Universalpragmatik von Apel und Habermas. Durch George Herbert Mead und Willard Van Orman Quine wird auch die Analytische Philosophie vom Pragmatismus beeinflusst (s. u.).

Friedrich Nietzsche (1844–1900) war Altphilologe, verließ aber die Universität, um sich ganz seinen Schriften zu widmen, in denen er eine fundamentale Kritik der gesamten europäischen Kultur und Zivilisation unter Einschluss sowohl der Philosophie seit der Antike als auch des Christentums ausarbeitet. Das Meiste dessen, was die Menschen bisher als sinnstiftend und als tragfähige Basis für Werte erachteten, versucht Nietzsche als Ideologie zu entlarven, er proklamiert die «Umwertung aller Werte» und den «Tod Gottes». Nach seinem Tod übt sein Werk intensiven Einfluss auf die nachfolgende Theoriebildung aus, so auf Heidegger und die französische Dekonstruktion (s. u.).

Gottlob Frege (1848–1925) war Logiker und Mathematiker an der Universität Jena, philosophisch Kantianer. Er entwickelte bahnbrechende Analysen zur Sprache, zu Begriffen, Urteilen und zur logischen Struktur von Sätzen, die in Aufsätzen zur Bedeutungstheorie und in seiner *Begriffsschrift* (1879) gipfelten. Vermittelt durch die Philosophen Russell, Wittgenstein und Carnap, mit denen er in persönlichem Kontakt stand, erlangten diese Analysen nach seinem Tod weltweiten Einfluss auf die moderne Sprachphilosophie und die Analytische Philosophie. Er bereitete so, zunächst kaum bemerkt, eine der wichtigsten Entwicklungen der Philosophie des 20. Jahrhunderts vor – die sprachkritische Wende, den *linguistic turn*.

Der Wiener Nervenarzt Sigmund Freud (1856–1939) wurde in seiner therapeutischen Praxis mit psychischen Störungen und Krankheiten konfrontiert, die ihn zur Ausarbeitung einer revolutionären Theorie der menschlichen Seele unter Einfluss der Leiblichkeit und Sinnlichkeit, insbesondere der Sexualität veranlassten. Sie lehrt den Aufbau des menschlichen Bewusstseins mit den drei Gebieten Ich, Es und Über-Ich. Diese Theorie, die Psychoanalyse, thematisierte Bereiche der menschlichen Erfahrung und Existenz, die bislang verdrängt, tabuisiert oder auf andere Weise ideologisiert worden waren, so die frühkindliche Erfahrung der eigenen Geschlechtlichkeit, Angst, Traum und Wahnsinn. Insbesondere Freuds Konzeption des Unbewussten und seine vorbildlos eingehenden Analysen zur körperlichen Liebe und zu den Traumereignissen des täglichen Schlafs (*Die Traumdeutung*, 1900) führten zu einer auch breitenwirksam einflussreichen neuen Denkweise der klassischen Moderne. Sie besagt: Dem Unbewussten kommt in der alltäglichen menschlichen Praxis eine viel bedeutendere Rolle zu als bisher angenommen.

Albert Einstein (1879–1955) entwirft als noch unbekannter Physiker – er arbeitete im Patentamt in Bern – um die Jahrhundertwende eine zunächst in Fachkreisen nicht ernstgenommene Theorie über das Verhältnis von Raum und Zeit, Licht und Gewicht – die Relativitätstheorie. Sie führt einerseits zu einer völlig neuen Sicht des engen Wirkungszusammenhangs dieser Größen, andererseits zu einer methodologisch wesentlich neuen Bewertung der Abhängigkeit physikalischer Theorien von der Praxis der durchgeführten Messungen. Als sich seine zunächst als abwegig eingestuften Thesen in der Forschung bestätigen, meldet die Presse in Schlagzeilen: «Licht hat Gewicht, Raum ist gekrümmt!» Bis ins allgemeine Bewusstsein dringt die Kunde von einem außerordentlichen Wandel der physikalischen Weltsicht.

Mit diesen sieben herausragenden Theoretikern sind wesentliche Schwerpunkte der Entwicklung der Philosophie im 20. Jahrhundert verbunden. Die Weichen sind gestellt für die Existenzphilosophie, den Marxismus, den Pragmatismus, die radikale Kulturkritik, die logische Sprachanalyse, die Psychoanalyse und eine intensive Auseinandersetzung mit den neuen Paradigmen der Physik und anderer Naturwissenschaften.

Demgegenüber bewegt sich die etablierte akademische Philosophie auf den ersten Blick zunächst in den gewohnten, vorgezeichneten Bahnen. Hier ist insbesondere der sich breit entfaltende *Neukantianismus* der Marburger und der Südwestdeutschen Schule als eine der wichtigsten Strömungen zu Beginn des 20. Jahrhunderts zu nennen. Sein an Kant anknüpfendes Denken lässt sich mit folgenden Grundsätzen charakterisieren:

der Erkenntnistheorie (und mithin der Erkenntniskritik) kommt in der Philosophie die zentrale Bedeutung zu; die Aufgabe der Philosophie besteht in der Untersuchung der Geltungsbedingungen (Kant: Bedingungen der Möglichkeit) aller wissenschaftlichen Erkenntnisse sowie auch aller kulturellen (rechtlichen, sozialen, ästhetischen, religiösen) Geltungsansprüche, die in Institutionen objektiviert sind; es geht um eine Kritik bloß empirischer (psychologischer, faktisch-deskriptiver) Verständnisse der menschlichen Erkenntnis; ferner geht es darum, die Geltungs- und Prinzipienfragen für alle Bereiche der Wissenschaft und Kultur methodologisch selbst explizit zu reflektieren. Den Marburger Neukantianismus prägen vor allem Cohen, Natorp und Cassirer. Nach Hermann Cohen (1842–1918) hat die Philosophie im Ausgang vom Faktum der Wissenschaften die apriorischen Voraussetzungen der Erfahrung und des Handelns zu klären. Diese Prinzipien untersucht er in seiner *Logik der reinen Erkenntnis* (1902). Seine *Ethik des reinen Willens* (1904) behandelt die Prinzipien der Rechts- und Staatswissenschaft und entwirft die normative Perspektive der Verwirklichung der Idee der Menschheit und eines ethischen Sozialismus. Der *Ästhetik des reinen Gefühls* (1912) legt Cohen die reine Liebe zur Natur des Menschen zugrunde. Seine *Religion der Vernunft aus den Quellen des Judentums* (1919) denkt Religion mit Kant als moralischen Glauben an die Ewigkeit des kulturellen Fortschritts. Prägend für Cohens Denken ist über Kant hinausgehend seine Kritik an dessen Dualismus von Anschauung und Denken. Paul Natorp (1854–1924), mit dem Heidegger in seiner Marburger Zeit noch viel diskutierte, wurde durch sein großes Werk über *Platons Ideenlehre* (1903) bekannt.

Von besonderer Bedeutung aufgrund seiner späteren Wirkungsgeschichte ist der eigenständige Weg Ernst Cassirers (1874–1945). Als Schüler Cohens erweitert er den Kantschen Gedanken der Konstitution durch transzendentale Formen: Er betrifft nicht nur die begrifflich formulierte, sondern jede Art von Erkenntnis. Daher konzipiert Cassirer neben einem absoluten (auf alle Erkenntnis bezogenen) Apriori ein relatives Apriori, das für jeweils spezifische Kontexte gilt. Ebenso erweitert er

Kants statische Vernunftkritik zu einer dynamisch-prozessualen Kulturkritik. Nach seinen großen Untersuchungen über *Das Erkenntnisproblem in der Philosophie und Wissenschaft der neueren Zeit* (vier Bände 1906, 1907, 1920, 1950) und über *Substanzbegriff und Funktionsbegriff* (1910) entwickelt er in seinem systematischen Hauptwerk *Philosophie der symbolischen Formen* (drei Bände 1923, 1925, 1929) eine Rekonstruktion der Praxis und Denken organisierenden Prinzipien des Menschen als des *animal symbolicum*. Der Mensch ist das Lebewesen, das Symbole verwendet, und dies auf allen Ebenen. Das begriffliche Denken und Sprechen ist nur ein Spezialfall dieser viel umfassenderen symbolischen Repräsentation. Cassirer unterscheidet näherhin drei Arten dieser Repräsentation: Die Ausdrucksfunktion – konstitutiv für Mythen und Religionen, die Anschauungsfunktion – konstitutiv für die Alltagserfahrung und die Bedeutungsfunktion – konstitutiv für die begrifflich-wissenschaftliche Welt. Auf diese Weise der Symbolanalyse entwirft Cassirer Grundlagen einer umfassenden Kulturphilosophie. Cassirer, 1919–1933 Professor in Hamburg, musste 1933 emigrieren, zunächst nach England, dann nach Schweden, schließlich in die USA, wo er Professor in Yale und New York wurde. In *An Essay on Man. An Introduction to a Philosophy of Human Culture* (1944) fasste er seinen kulturphilosophischen Ansatz verständlich zusammen.

Die Südwestdeutsche Schule des Neukantianismus bilden Windelband, Rickert und Lask. Wilhelm Windelband (1848–1915) entwickelt über Kant hinaus eine wissenschaftstheoretisch weitreichende Fundamentalunterscheidung: Die der generalisierenden, ‹nomothetischen›, auf universale Gesetze ausgerichteten Naturwissenschaften und der Mathematik von den individualisierenden, ‹idiographischen›, historischen Geistes- und Kulturwissenschaften. In der praktischen Philosophie analysiert er die Geltungsansprüche der moralischen Werte, die die Grundlage der menschlichen Kultur bilden. Heinrich Rickert (1863–1936) setzt diesen Ansatz in seinen Arbeiten *Die Grenzen der naturwissenschaftlichen Begriffsbildung* (1896) und *Kulturwissenschaft und Naturwissenschaft* (1899) fort. Emil Lask (1875–1915), herausragender Schüler von Windelband und Rickert, fiel früh im ersten Weltkrieg. Sein Denken ist durch radikales Rückfragen nach den logischen Voraussetzungen der Transzendentalphilosophie geprägt, so in seinem Werk *Die Logik der Philosophie und die Kategorienlehre. Eine Studie über den Herrschaftsbereich der logischen Form* (1911) und in der *Lehre vom Urteil* (1912). Er fragt nach der ‹Kategorie der Kategorien› und der ‹Form der Formen›. Folgende Grundgedanken Lasks lassen sich akzentuieren: Gegen einen ungeschichtlich-statischen, gleichsam zeitlosen Idealismus hebt er die Geschichtlichkeit der menschlichen Erkenntnis und ihrer Kategorien hervor. Gegen die abstrakte Allgemeinheit (etwa der Rechtsnormen) erhebt er die irreduzible Irrationalität des Individuums und des Individuellen zum Problem. Gegen die systematische philosophische Erkenntnis thematisiert er das Leben und die Aufgabe seiner kategorialen Erfassung. Damit weist er vor auf die Lebensphilosophie. Lask fragt, inwiefern das Sein dem Subjekt der Erkenntnis vorausgeht; ob von einer ‹Transzendenz des Gegenstandes› und von einer ‹logischen Irreduzibilität des Materials› die Rede sein kann. Das subjektunabhängige Gelten der logischen Form wird von ihm so stark gedacht, dass die transzendentale Logik tendenziell zu einer neuen Ontologie wird und sich einer ‹logischen Mystik› der Urform des Urteils nähert. Lask fragt daher weiter nach dem logischen Status der philosophischen Sprache selbst. Er eröffnet so Problemhorizonte, die weit in die Zukunft weisen. In seiner pointierten Art nennt Ernst Bloch ihn «die lautlose Explosion des Kantianismus» und bemerkt: «Er war der Nikolaus, aber noch nicht der Weihnachtsmann.» In der Tat bündelt sich in Lasks Denken ein systematisches Problemsyndrom, dem in der weiteren Entwicklung insbesondere der 20er Jahre die großen Antworten – die Hermeneutik der Geschichtlichkeit, die soziologische Methodologie, Fundamentalontologie, Existenzialanalyse und Seinsgeschichte, Neomarxismus und kritischer Materialismus, schließlich logischer Empirismus und sprachkritische Philosophie – ihre Arbeit widmeten. Lask vollzieht eine Hegelianisierung des Neukantianismus, und er beschließt sein Hauptwerk mit einer Darstellung der Geschichte der philosophischen Kategorien selbst, der Logik der philosophischen Spekulation und antizipiert damit die späteren seinsgeschichtlichen Reflexionen Heideggers. In dessen intellektueller Biographie *Mein Weg in die Phänomenologie* (1963) steht denn auch der Name Lask neben dem Franz Brentanos und Husserls obenan. Lasks Erörterungen zum Irrationalitätsproblem werden gemäß neuen Forschungen wesentlich für die Methodenlehre Max Webers, mit dem er in enger Verbindung stand.

Die Grundfrage: Wie kann das Individuelle deduktiv unter einen allgemeinen Wert subsumiert werden? zielt ins Zentrum der wissenschaftstheoretischen Probleme der entstehenden Soziologie, der Geschichtswissenschaft und der Rechtsphilosophie. Der Bezug auf das menschliche Leben wird von Lask nicht spätromantisch-poetisierend ausgeformt, sondern erhält die Präzision dieser systematischen Grundfrage: In der gesamten abendländischen Ontologie (mit der Ausnahme bestimmter Ansätze des Neuplatonismus, vor allem Plotins) wurden, so Lask, die Kategorien einzig und allein für die sinnliche Sphäre, nicht jedoch genuin für die ‹übersinnliche› – etwa die des menschlichen Lebens und Selbstverständnisses – ausgearbeitet. Die Aufgabenstellung einer Kategorienlehre des Nicht-Empirischen führt zu Fragen, die Heidegger in seiner Kritik der Vorhandenheitsontologie weiter behandelte. Die materialistischen Aspekte des Laskschen Denkens weisen in den Neomarxismus. In Heidelberg war Lask mit Georg Lukács befreundet. Seine Schwester Berta war kommunistische Untergrundkämpferin und Verfasserin expressionistischer Agitpropdramen. Durch seinen scharfen, psychologismuskritischen Geltungsbegriff steht Lask mit Frege und mit Husserls entstehender Phänomenologie in Verbindung, durch seine Reflexion der logischen Urform mit Wittgensteins frühen logischen Analysen. Die Leistungen Lasks, in denen sich die innovativen systematischen Potenziale des Neukantianismus bündeln, wurden nach seinem frühen Tod weitgehend vergessen.

Die *Lebensphilosophie* bildet neben dem Neukantianismus eine zweite die Jahrhundertwende prägende Strömung. In Frankreich entwickelt Henri Bergson (1859–1941) seine Lehre vom *élan vital*, einer ursprünglichen Schwungkraft des Lebens. Für sein Hauptwerk *Die schöpferische Entwicklung* (*L'évolution creatrice*, 1907) erhält er 1927 den Nobelpreis für Literatur. Der breitenwirksame Bergsonismus folgt ihm darin, über den Darwinismus und die naturwissenschaftlichen Analysen des menschlichen Lebens hinaus fundamentale Lebenspotenziale zu denken, wie sie ihm zufolge insbesondere im Bewusstsein des reinen ‹Fliessens des inneren Lebens›, in der Zeit der schöpferischen Dauer (*durée creatrice*) wirksam sind. Es geht darum, das menschliche Leben authentisch, aus sich heraus, zu verstehen. Wilhelm Dilthey (1833–1911) will Kants Vernunftkritik zu einer Kritik der historischen Vernunft weiterentwickeln. Er studierte Geschichte, Altertumswissenschaft, Philosophie und Theologie bei Koryphäen wie August Böckh, Leopold von Ranke und Friedrich Adolf Trendelenburg. Will man die Vernunftkritik mit ihrer Analyse der Grenzen der Vernunft und der Endlichkeit auf die Geschichte ausdehnen, dann stellt sich alsbald die Grundfrage nach der Möglichkeit des Verstehens fremder Lebensformen. Die für dieses Verstehen spezifische Erkenntnistheorie ist die Hermeneutik (s. u.). Dilthey gelangt zu einer Hermeneutik des Lebens. Er lehrt: «Hinter das Leben kann das Erkennen nicht zurückgehen» und entwirft eine pessimistische Kategorienlehre des Lebens, deren letzter Grund die «irrationale Faktizität» ist: «Die heutige Analyse der menschlichen Existenz erfüllt uns alle mit dem Gefühl der Gebrechlichkeit, der Macht des dunklen Triebes, des Leidens an den Dunkelheiten und den Illusionen, der Endlichkeit in allem, was Leben ist.» Die zentrale Lebenskategorie Diltheys ist dessen Zerbrechlichkeit und Hinfälligkeit, seine Korruptibilität. Diese gründet in der Zeitlichkeit des Lebens und führt Dilthey zu einem Weltanschauungsrelativismus, der die historische Bedingtheit einer jeden Weltanschauung erkennt.

Auch Georg Simmel (1858–1918), einer der Mitbegründer der Soziologie, entwickelt im Zentrum seines Denkens eine Lebensphilosophie. Er nimmt Ansätze von Kant wie von Darwin und Nietzsche auf. Durch die modernen Forschungen erscheint der Mensch mitsamt seinem gesellschaftlichen Leben als Ergebnis einer biologisch erklärbaren Gattungsgeschichte. Andererseits hatte die Philosophie – allen voran Kant – den Menschen als freies, autonomes Wesen gedacht – frei von den Bedingungen der Natur und fähig, aus Verantwortung ein Reich der Gerechtigkeit zu schaffen. Die wissenschaftlichen Forschungen über das menschliche Leben schlagen der Moral ins Gesicht. Sie verheißen nichts Gutes, sondern decken nur Abhängigkeiten auf. Eine überproportional lange Aufzuchtperiode bei den menschlichen Säugetieren, die – allein gelassen – verloren wären, macht Schutzvorrichtungen wie Moral und Recht nötig. Ein zynischer Funktionalismus liegt hier dem Denken nahe, eine sarkastische Herabminderung der menschlichen Welt. Auf der anderen Seite steht der unbedingte Ausspruch der Moral, gegründet auf Wahrhaftigkeit und Handeln aus Freiheit. Die extreme Spannung zwischen Darwin und Kant steht im Zentrum der Lebensphilosophie.

Simmel hat diese Spannung im Rahmen seiner Religionsphilosophie in einem Bild veranschaulicht. Zwar seien auch die Religionen aus Not, Angst und Qual entstanden. Aber sie sind auch, von diesen Entstehungsbedingungen losgelöst, Zeichen der Würde und der Wahrheit. Es stört die Schönheit einer Rose nicht, wenn sie auf einem Misthaufen erblüht. Simmel greift den tragischen Pessimismus des 19. Jahrhunderts (Schopenhauer) auf und gewinnt eine analytische Sensibilität für die extreme Zerbrechlichkeit und Instabilität gesellschaftlicher Organisationsformen. Man kann in den von ihm herausgearbeiteten tragischen Strukturen des Lebens das spätbürgerliche Pendant zur marxistischen Revolutionstheorie sehen, wie auch seine *Philosophie des Geldes* (1900) als bürgerliche Theorie der «Beziehung» ein Gegenentwurf zur Marxschen Kapitalanalyse ist. Die tragische Form des Lebens erfasst er in seinem Spätwerk *Lebensanschauung. Vier metaphysische Kapitel* (1918) im Grundgedanken der Transzendenz des Lebens und in den zwei Grundsätzen «Leben will immer mehr Leben» und «Leben ist immer mehr als Leben». Als Kern seiner tragischen Kulturphilosophie in der Ambivalenz zwischen Darwin und Nietzsche einerseits und Kant andererseits zeigt sich eine existentielle

Metaphysik. Das Leben muss stets über sich hinausgehen (transzendieren), um überhaupt bei sich und am Leben bleiben zu können. Es muss der Welt eine Gestalt geben. So entsteht aus der Sexualität und Liebe die Institution der bürgerlichen Ehe. Aus dem dramatischen Leben Jesu entsteht das kirchliche Christentum. Simmel besaß eine Sammlung kostbaren Porzellans. Schüler berichten von einer seiner großen Berliner Vorlesungen vor tausend Hörern (die Vorlesungen galten als kulturelle Ereignisse der Reichshauptstadt), in der er über eine chinesische Porzellanschale mit einer feinen Tuschzeichnung dozierte. Er verwies dabei auf die augenblickliche Lebensbewegung des Auftragens der Tusche auf den Gegenstand und die endgültige Fixierung dieses flüchtigen Moments im Akt des Brennens, dem Akt definitiver Gestaltwerdung. Simmel erläuterte an dem zerbrechlichen Objekt die Spannung von Liquidität und Erstarrung, von fließender Dynamik des Lebens und statischer Verhärtung objektiver Gebilde, die sein gesamtes Denken prägt.

Die *Dialogphilosophie* von Martin Buber (1878–1965) und Franz Rosenzweig (1886–1929) stellt das dialogische Miteinander der Kommunikation ins Zentrum der Ethik und Religionsphilosophie. In *Ich und Du* (1923) analysiert Buber das dialogische Verhältnis der Menschen als Grundlage ihrer gesamten Praxis. Auch das Gottesverhältnis des Menschen wird auf dem Hintergrund der jüdischen biblischen Tradition als dialogisch gedacht. Rosenzweig übersetzt gemeinsam mit Buber die alttestamentlichen Bücher ins Deutsche und entwickelt in seinem Hauptwerk *Der Stern der Erlösung* (1921) in Auseinandersetzung mit dem Christentum eine dialogische, jüdische philosophische Theologie. Er versucht, die lebendige, wirkliche Erfahrung von Sinn und Kommunikation in der Gegenwart des Augenblicks zu erfassen und so das Verhältnis von Sprache und Zeit zu denken.

Die Strömungen des Neukantianismus, der Lebensphilosophie und der Dialogphilosophie sind stark binnendifferenziert und vielfach miteinander verbunden. Das gilt vor allem für ihre spätere Wirkung, die durch die Zäsur des Zweiten Weltkriegs oft indirekt verlief. Der Bruch mit der jüdischen Aufklärungstradition durch die NS-Rassenideologie und -politik hatte für die deutsche philosophische Entwicklung prekäre Auswirkungen, da viele der führenden Philosophen jüdischer Herkunft waren.

Noch ein wissenschaftsgeschichtlicher Prozess ist für die Philosophie des 20. Jahrhunderts besonders wichtig, nämlich die *Abspaltung der Psychologie und Soziologie von der Philosophie.* Seit dem Entstehen der Philosophie im antiken Griechenland sind nach und nach alle Einzelwissenschaften (so Physik, Politik, Ökonomie, Zoologie) aus ihr hervorgegangen. Die bisher letzten dieser Ablösungen stellen zur Zeit der Wende zum 20. Jahrhundert die Psychologie und die Soziologie dar. Diese beiden Ablösungen stehen ersichtlich wiederum mit tiefgreifenden Wandlungen im Umbruch zur Moderne im Zusammenhang. Zum einen rückt der Mensch selbst, auch mit all seiner empirischen Erforschbarkeit, immer mehr ins Zentrum des Denkens und der Wissenschaften. Zum anderen wird bewusst erfahren, dass in diesem Umbruch die Gesellschaften mit ihren immer größeren Städten, Produktions- und Arbeitsverhältnissen und internationalen Verflechtungen immer komplexer und bedeutender für alle menschlichen Lebens- und Verstehensbedingungen werden, so dass sie in einer spezifischen Wissenschaft thematisiert werden müssen.

Schon früh entwickeln Hermann Lotze (1817–1881), *Medizinische Psychologie* (1852) und Gustav Theodor Fechner (1801–1887), *Elemente der Psychologie* (1860), Ansätze einer naturwissenschaftlichen Psychologie. Als Philosoph und Psychologe gründet Wilhelm Wundt (1832–1920) 1879 in Leipzig das erste Institut für experimentelle Psychologie. Auch durch Freud und seine außergewöhnliche Wirkung löste sich die Psychologie als eigenständige Praxis und Theorie der Psychoanalyse von der Philosophie ab.

Der Ablösungsprozess der Soziologie aus der Philosophie lässt sich auch dadurch erklären, dass die traditionellen philosophischen Disziplinen, die seit der Antike (vor allem seit Aristoteles) die Gesellschaft thematisieren – Ethik, Politik und Ökonomie – im Ansatz für Städte damals mittlerer Größe konzipiert waren. Die weltgeschichtliche Entwicklung der Moderne bringt extreme Größenverschiebungen mit sich, die moderne Gesellschaft mit Millionenstädten stellt ganz neue Fragen.

Auguste Comte (1798–1857) und Émile Durkheim (1858–1917) hatten in Frankreich, wie Marx in Deutschland, bereits Theorien und neuartige Einzelanalysen vorgelegt; Durkheim zum Beispiel zur Arbeitsteilung, zum Selbstmord und zur Soziologie der Religion.

Georg Simmel verfasste im Blick auf die moderne Gesellschaft nicht nur seine *Philosophie des Geldes* (1900), sondern begründete in seiner *Soziologie* (1908) eine Gesellschaftslehre, die sich noch ganz philosophisch versteht, näherhin als formal, da sie gesellschaftliche Lebensformen wie Streit, Konkurrenz und Freundschaft als überzeitlich denkt. Den Kern von Simmels Soziologie bildet eine Theorie der sozialen Ausdifferenzierung und Wechselbeziehung, die die transzendentalphilosophische Grundfrage auf die Gesellschaft ausdehnt: Wie ist diese überhaupt möglich? Die formale Soziologie untersucht allgemeine Grundformen der Vergesellschaftung. Die lebenserhaltenden und stabilisierenden Funktionen der Gesellschaft können nur durch andauernde dynamische Transformationen auf den verschiedenen Ebenen aufrechterhalten werden. Permanent schlagen Akte der Stabilisierung in Instabilität und in einen Zwang zur Innovation um. In der sich so herausbildenden tragischen Struktur kann man das bürgerliche Pendant zur marxistischen Revolutionstheorie sehen.

Der Philosoph und Soziologe Ferdinand Tönnies (1855–1936) unterscheidet eine reine (theoretische) Soziologie, die konstruktiv eine systematische Begrifflichkeit erarbeitet, von einer angewandten historischen Soziologie, die aus normativer Perspektive deduktiv die gesellschaftliche Entwicklung erklärt, und einer empirischen Soziologie, die induktiv Einzeluntersuchungen durchführt. In seinem Hauptwerk *Gemeinschaft und Gesellschaft* (1887) vertieft er die Grundbegriffe der reinen Soziologie philosophisch.

Max Weber (1864–1920) begründet die Soziologie als eigenständige Theorie, die die gesellschaftliche Wirklichkeit mit Hilfe von ‹Idealtypen› erklären will. Durch kulturvergleichende Studien kann das ‹Idealtypische› verschiedener Ausprägungen von Recht, Staat, Wirtschaft und Herrschaft herausgearbeitet werden. In seinem Hauptwerk *Wirtschaft und Gesellschaft* (1921) beschreibt er den für die Moderne konstitutiven Rationalisierungsprozess, der durch die Entwicklung der Industriegesellschaft alle Lebensbereiche erfasst und den er mit einer klassisch gewordenen Formulierung als die «Entzauberung der Welt» charakterisiert.

Mit den Abspaltungen der Psychologie und der Soziologie entsteht auch für die Philosophie in der Moderne eine neue Situation. Auf vielfältige Weise bleiben aber die interdisziplinären Vernetzungen und auch gegensätzlichen Entwicklungen der Fächer erhalten, einmal, insofern die Probleme insbesondere der psychologischen und soziologischen Grundbegriffe (Seele, Geist, Gesellschaft, Gemeinschaft) sowie die Probleme ihrer Methoden erhalten bleiben und nach philosophischer Reflexion verlangen, zum anderen, weil die Philosophie den jeweiligen Stand der psychologischen und sozialwissenschaftlichen Forschung in ihre Reflexion einbeziehen muss.

2. Der Mensch – philosophische Anthropologie

Die traditionelle Philosophie thematisiert den Menschen oft nur indirekt, indem sie von Geist, Leib und Seele, Freiheit, Individuum, Person, Subjekt und Selbstbewusstsein spricht. An die Stelle einer expliziten Anthropologie tritt die Einordnung des Menschen in umfassende, transhumane Kontexte, so die Seinsordnung in der Metaphysik, in der Theologie die göttliche Schöpfungsordnung, in der Geschichtsphilosophie die Fortschritts- oder Verfallsgeschichte, oder in subhumane Bereiche wie Natur, Evolution oder Genetik. Auch die Bestimmung des Menschen über die Sprache, die Vernunft oder ethische Kategorien trifft seine Lebenswirklichkeit nur selektiv. Dieser «Abwesenheit» des Menschen in der Philosophie entspricht eine latente Allgegenwärtigkeit ungeklärter anthropologischer Grundlagen und Implikationen in der Reflexion und Theoriebildung. Einen entscheidenden Vorstoß in Richtung einer expliziten Thematisierung und Klärung der Frage nach dem Menschen stellt zu Beginn des 20. Jahrhunderts in Deutschland die Entwicklung einer genuin philosophischen Anthropologie als eigenständiger Disziplin durch Scheler, Plessner und Gehlen dar.

Max Scheler (1874–1928) entwirft in seinem thematischen Kerntext *Die Stellung des Menschen im Kosmos* (1928) das Konzept eines Aufbaus der Psyche des Menschen in der Form folgender Stufen bzw. Schichten:

1. der Gefühlsdrang,
2. der Instinkt,
3. das assoziative Gedächtnis und
4. die praktische Intelligenz.

Diese vier Schichten repräsentieren nach Scheler das Leben, den Stufenbau der organischen Natur, und sie lassen sich auch bei Pflanzen und Tieren in Ansätzen finden. Dem Leben setzt Scheler als gänzlich andersartiges Prinzip den Geist gegenüber. Durch den Geist ist der Mensch der Natur völlig enthoben. Der Ansatz von Schelers Anthropologie wird so als der Versuch erkennbar, die natürliche, biologische Triebebene auf der einen Seite, die Ebene der individuierten, geistigen Personalität auf der anderen Seite in *einem* Gesamtentwurf zu erfassen, sie in ihrer Verschränktheit zu erkennen und aufeinander zu beziehen. Scheler konzipiert seine Anthropologie auch, um nach dem Weltkrieg und inmitten einer ungewissen, bedrohten Lebenssituation eine neue Selbstvergewisserung des Menschen zu erreichen. Denn die Einzelwissenschaften mit ihren naturwissenschaftlichen, empirisch-psychologischen, genetischen, evolutionstheoretischen Zugriffen thematisieren zwar den Menschen, aber stets nur mit Bezug auf einzelne Aspekte, nicht als ganzen. Scheler will die *Sonderstellung* des Menschen im Kosmos erfassen. Wie bereits in der Antike werden seine Defizite und Mängel im Vergleich zur tierischen Instinktsicherheit hervorgehoben. Dem stehen die Potentiale seines Geistes gegenüber.

Phänomenologisch eindringlich versucht Scheler die Ebene des ekstatischen Gefühlsdrangs als bewusstlose Triebhaftigkeit ohne ein Zentrum zu erfassen. Diese Ebene ist in der organischen Natur in Reinform im Reich der Pflanzen gegeben, aber auch bei Tieren und Menschen noch wirksam: Der ekstatische Gefühlsdrang bildet sich zur triebhaften Aufmerksamkeit, die eine Einheit der Affekte erzeugt.

Die Ebene des Instinkts leitet zu den Tieren über, die über selektive, auf Schlüsselreize reagierende Verhaltensformen verfügen. Diese ermöglichen ihnen ein lebenserhaltendes Verhalten in ihrer artspezifischen Umwelt. Im Vergleich mit dem Menschen zeigt sich deutlich die doppelseitige Stärke und Schwäche des Menschen, die auch die Tradition oft betonte: Einerseits sind die Menschen von den Instinktmechanismen der Tiere befreit, andererseits entsteht aus dieser ‹Instinktschwäche› eine Orientierungsunsicherheit, die auf andere Weise bewältigt werden muss. Formen des Triebüberschusses können zu maßlosem Fehlverhalten führen und verlangen nach sozialer, kultureller Sublimierung, die oft mit Verdrängung und Repression verbunden ist.

Die Ebene des assoziativen Gedächtnisses wiederum steht mit der Ebene des Instinkts in enger Verbindung. Die Assoziation dient den natürlichen Bedürfnissen und folgt erworbenen Gewohnheiten, aber sie überschreitet bereits die Starrheit des instinktiven Verhaltens. Mimetisches Verhalten, d. h. Nachahmung, ist für die Sozialisation und Ontogenese von Tieren wie Menschen wesentlich, ebenso die Fähigkeit zur eigenständigen Wiederholung von Verhaltensweisen.

Auf der Stufe der praktischen Intelligenz und der Wahl treten schließlich Fähigkeiten der Voraussicht und der Einsicht in größere Zusammenhänge hervor, die zwar noch organisch gebunden, aber doch bereits produktiv sind.

Mit diesen vier Stufen ist der Bereich des Biopsychischen erfasst. Das Spezifische des Menschen erreichen wir nach Scheler aber erst mit dem Reich des Geistes: Der Geist des Menschen ist nicht trieb- und umweltgebunden wie Tiere und Pflanzen, sondern er ist *weltoffen*. Er vermag das Sosein der Dinge unabhängig von seinen Trieben und Bedürfnissen zu erfassen. Diese Sachlichkeit befähigt ihn zur Weltdistanz, zur Erkenntnis von Gegenständen. Berühmt wird in diesem Zusammenhang Schelers Definition des Menschen als des «Neinsagenkönners»: Der Mensch kann sich der Wirklichkeit verweigern, sie ablehnen, sein Geist kann negieren, der Mensch kann ‹Asket des Lebens› sein. Eigentlich, so Scheler, ist der Geist gegenüber Natur und Trieben ohnmächtig. Seine Macht erhält er, wie bereits Freud behauptete, indirekt durch Verdrängung und Sublimierung. Schelers Anthropologie setzt diese Ebene des sich geschichtlich entfaltenden Geistes metaphysisch mit der Idee eines werdenden Gottes in Verbindung.

Helmuth Plessner (1892–1985) entwickelt seine innovative philosophische Anthropologie in seinem Hauptwerk *Die Stufen des Organischen und der Mensch* (1928). 1923 hatte er bereits in *Die Einheit der Sinne. Grundlinien einer Ästhesiologie des Geistes* die verschiedenen Sinnesqualitäten des Menschen (Gesicht, Gehör, Geruch, Geschmack, Zustandssinne) auf die Qualitäten der Alltagswelt und die Erlebnis- und Wahrnehmungsfähigkeit der ganzen Person bezogen. Die Sinne bilden eine Sphäre der Vermittlung zwischen Leib und Geist; sie ‹leben› erst in ihrem verstehenden Gebrauch in komplexen, sozialen und kulturellen Lebenssituationen. Sinnlichkeit ist auf kulturelle Sinngebungen ausgerichtet, der menschliche Geist ist auf seine konkrete, leibliche Versinnlichung angewiesen. Plessners Analyse richtet sich sowohl gegen philosophische Traditionen, die Leiblichkeit und Sinnlichkeit kaum thematisieren, als auch gegen naturwissenschaftliche Zugangsweisen zum Menschen, die seine Sinne nur objektivistisch und reduktionistisch behandeln.

Im Hauptwerk ist ein Stufenkonzept zentral: Pflanzen werden als offene Lebensformen ohne Zentrum bestimmt, Tiere und Menschen als geschlossene Lebensformen mit Zentrum. Während die Tiere aber räumlich-zeitlich ‹zentrisch› leben, lebt der Mensch ‹exzentrisch› als Ich, so die Grundthese Plessners, als ‹Mitte› im jeweiligen Hier und Jetzt. Im Unterschied zu den geschlossenen zentrischen Formen weist der Mensch eine *exzentrische Lebensform* auf, die exzentrische Positionalität. Mit ihr sind Selbstdistanz, Reflexionsfähigkeit, geplantes Handeln, kreative Gestaltungsfähigkeiten, Techniken gegeben, ebenso Risiken.

Der Mensch ist sich vorweg, wie in Heideggers Analyse (s. d.), im Bei-sich-sein ist er außer sich, der Negation fähig wie bei Scheler. Im Gegensatz zu Schelers Analyse wird aber keine reine Geistigkeit konzipiert, sondern der Mensch bleibt im Reflexivwerden raumzeitlich und leiblich gebunden. In vorbildlichen phänomenologischen Einzelanalysen zu *Lachen und Weinen* (1941) untersucht Plessner die leiblichen ‹Schlüsselphänomene›, die diese exzentrische Stellung besonders prägnant zum Ausdruck bringen. Die negativen Charakterisierungen der Stellung, der Mensch sei ortlos, zeitlos ins Nichts gestellt, berühren sich wiederum mit Analysen Heideggers und später Sartres. Es ergibt sich auf allen Ebenen der menschlichen Existenz eine Doppelaspektivität: Wir *haben* unseren Körper, aber wir *sind* auch unser Körper, wir sind Ding unter Dingen, aber auch absolutes Bezugszentrum unserer Erfahrung, Innenwelt und doch Außenwelt. Erst in der gemeinsamen, sozialen, kommunikativen ‹Mitwelt› des Wir können wir zu uns selbst werden.

Auf der Grundlage dieser Analyse formuliert Plessner *drei anthropologische Grundgesetze*:
1. das Gesetz der natürlichen Künstlichkeit;
2. das Gesetz der vermittelten Unmittelbarkeit und
3. das Gesetz des utopischen Standorts.

Natürliche Künstlichkeit besagt, dass der Mensch auf der Basis seiner natürlichen Lebensbedingungen gestaltend und schöpferisch tätig wird. Er ist nicht, wie negativistisch-pessimistische Anthropologien lehren, ‹Invalide seiner höheren Kräfte› (so Herder), ein ‹krankes Tier› (so Nietzsche), das seine natürlichen ‹Mängel› ‹kompensieren› muss (so Gehlen), sondern er führt sein Leben produktiv nach eigenen Gesetzen, wenn auch durchgängig unter Naturbedingungen.

Das Gesetz der vermittelten Unmittelbarkeit bezieht die Exzentrizitätsthese auf das menschliche Ausdrucksverhalten, die Expressivität. Alles, was wir ‹innerlich› fühlen, erfahren, wahrnehmen, muss für uns selbst und für Andere zum Ausdruck gelangen, es muss sich artikulieren, sich zeigen. Plessner knüpft hier an Hegels Theorie vom objektiven Geist an. Durch dieses notwendige Ausdrucksverhalten konkretisiert sich das menschliche Bewusstsein mitsamt seinen Absichten, Zielen, Wünschen, mit seiner Intentionalität in der Geschichte. Sie ist Ausdruck der menschlichen Existenz, die sich inmitten der Natur dennoch mit Künsten bewahren und entwickeln muss. Der utopische Standort ist die noch einmal pointierte Formel für die exzentrische Position des Menschen. Die menschliche Lebenssituation ist und bleibt offen und unsicher. Wir können uns zwar objektivieren, insbesondere im Medium der modernen Wissenschaften. Eine solche Selbstobjektivation im Ganzen der Welt bzw. des Seins versuchen traditionell Religion und Metaphysik im Bezug auf Gott. Aber indem wir eine solche Perspektive einzunehmen versuchen, müssen wir uns im Absoluten verorten, im Nirgendwo («u-topos»).

Seine Analysen führen Plessner schließlich zurück auf politisch-anthropologische Untersuchungen zu *Macht und menschlicher Natur* (1931). Er hatte sich bereits 1924 gegen ideologische Verständnisse von sozialer Gemeinschaft gewandt (*Grenzen der Gemeinschaft*, 1924), die in der deutschen Entwicklung leider bald dominierend wurden. Aufgrund seiner Anthropologie der Exzentrizität argumentiert er für die rationalen Vorzüge der gesellschaftlichen Organisationsformen: Distanz, Indirektheit, Vermittlungsinstanzen, Respekt vor dem Privatbereich, diplomatische Umgangsformen, Takt – sie ermöglichen und erleichtern eine politische Kultur ohne Unmittelbarkeitsillusionen.

Arnold Gehlen (1904–1976) legt mit *Der Mensch. Seine Natur und seine Stellung in der Welt* (1940) einen eigenständigen Ansatz vor, der weder Schelers Geistautonomie noch Plessners Spezifikum der Exzentrizität übernimmt. Für ihn steht das menschliche Handeln, seine Praxis, im Zentrum. Er übernimmt Grundgedanken des Pragmatismus. An der Basis seiner Analyse steht aber der Begriff des *Mängelwesens* Mensch mit seiner biologischen, organischen Mittellosigkeit.

Während die Tiere auf ihre Weise, kurz gesagt, alles jeweils besser können, z. B. fliegen, schwimmen, laufen, sehen, hören, riechen, sind wir Menschen fremd in unserer Umwelt, unangepasst an sie, wir sind instinktunsicher, organisch unspezialisiert, also morphologisch, von der Ausstattung unseres Leibes aus betrachtet: primitiv. Betrachten wir unsere weiteren Lebensbedingungen, so sehen wir: wir werden ständig mit Reizen konfrontiert («Reizüberflutung»), wir wissen oft nicht wohin mit unseren Kräften («Antriebsüberschuss»), wir sind angriffslustig («Aggressionsbereitschaft»). Der Mensch ist somit starken Belastungen ausgesetzt, die nach Entlastung verlangen. An dieser Stelle schließt Gehlen an seine Mängelanthropologie seine *Institutionentheorie* an: Die gesellschaftlichen Organisationsformen, die Institutionen, kompensieren, ordnen und strukturieren die riskanten menschlichen Lebensbedingungen, indem sie die menschlichen Handlungen zweckgerichtet funktionalisieren und stabilisieren.

Für Gehlen ist die von Scheler ausgezeichnete Weltoffenheit des Menschen Ausdruck seiner biologischen Mittellosigkeit. Der Mensch steht aufgrund dieser Mittellosigkeit unter Druck seitens seiner Umwelt, er steht unter Handlungszwang. Seine Unspezialisiertheit, die lange Zeit der Menschwerdung, die jahrelange völlige Schutzlosigkeit und Hilflosigkeit des geborenen Kleinkindes – alle diese Befunde der biologischen Forschung begründen empirisch die These vom Mängelwesen. Ausgeglichen werden die Mängel durch die Erkenntnis- und Sprachfähigkeit des Menschen, durch seine Gestaltungsmöglichkeiten als Handelnder. Um die Handlungspotentiale aber selbst zu steuern und sinnvoll zu lenken, bedarf es der Institutionen. Gehlen versteht den qualitativen Übergang von der Natur zur Kultur in der Sozialisierung individueller Antriebe und Bedürfnisse in Richtung auf Stabilität und Kontinuität. Die dazu erforderlichen Handlungen erreichen in der Kultur einen Selbstwert und eine ‹Sollqualität›. Somit konzentriert sich die Analyse Gehlens unter Rekurs auf Aristoteles und den amerikanischen Pragmatismus von Peirce, Dewey und Mead auf den Handlungsbegriff: auf ihn beziehen sich unsere leiblichen Bewegungen, unsere sprachliche Artikulationspraxis, unsere Reflexionsmöglichkeiten, auch unsere Wahrnehmungen und Erlebnisse. Es geht ihm darum, nachzuweisen, «wie die *Bestimmung des Menschen zur Handlung* das durchlaufende Aufbaugesetz aller menschlichen Funktionen und Leistungen ist, und dass sich diese Bestimmung aus der physischen Organisation des Menschen eindeutig ergibt: ein physisch so verfasstes Wesen ist nur als handelndes lebensfähig; und damit ist das Aufbaugesetz *aller* menschlichen Vollzüge, von den somatischen bis zu den geistigen, gegeben». Handlungen bewirken die nötige Entlastung von den Umweltanforderungen und Triebüberschüssen, wenn sie sich in soziale, stabile kulturelle Organisationen transformieren – in die Institutionen. Sie bilden Systeme produktiver Entlastungen. Die Sprache spielt dabei eine zentrale Rolle, sie ist die ‹Institution der Institutionen›. Handlungen werden symbolisch, sprachlich vermittelt und artikuliert, die Sprache vollzieht sich in Handlungen. In der sozialen, kommunikativen Praxis bilden sich auch die technischen Fähigkeiten des Menschen aus. Technik interpretiert Gehlen als *Organersatz*: Sie ist Entlastung für das Mängelwesen.

Gehlens Institutionentheorie entwickelt auf dieser anthropologisch-biologischen Grundlage die sozialen Organisationsformen. Institutionen sind Gefüge der Verhaltensstabilisierung. Sie vollbringen das, was bei den Tieren der Instinkt leistet, auf einer höheren Ebene. Deutlich wird das nach Gehlen in den archaischen Gesellschaften mit ihren sozialen Kulturen und Ritualen, die ihre Stabilisierungsfunktion geradezu unbewusst, vorreflexiv ausüben, während moderne Gesellschaften von starken Individualisierungstendenzen geprägt und gefährdet werden (*Urmensch und Spätkultur*, 1956). Die funktionalistisch-reduktionistischen Ansätze von Gehlens Anthropologie führen ihn daher z. B. in *Die Seele im technischen Zeitalter* (1957) konsequent zu einer konservativen Kulturkritik, an der die Grenzen seiner Analyse deutlich werden. Denn die so gepriesenen Institutionen, z. B. Wirtschaft, Staat, Recht, Wissenschaft, Künste leben auch und gerade von Kritik und Diskussion und entwickelten sich von Beginn an durch diese. Erst, wenn diese normativen und kritisch-reflexiven Perspektiven in die anthropologisch-sozialphilosophische Analyse einbezogen werden, wie paradigmatisch bei Kant und Hegel, können vereinfachte und reduktionistische Konsequenzen vermieden werden.

3. Zu den Sachen selbst – die Phänomenologie Husserls

Eine der bedeutendsten Schulrichtungen der Philosophie des 20. Jahrhunderts mit weltweiter Wirkung bis in die Gegenwart ist die von Edmund Husserl (1859–1938) begründete Phänomenologie. Nachdem die Nationalsozialisten den international anerkannten Husserl – korrespondierendes Mitglied der Académie des sciences, der American Academy of Arts and Sciences und der British Academy – 1933 in sofortigen Urlaub versetzt hatten, verboten sie dem fast Achtzigjährigen 1937 das Betreten seiner Universität Freiburg. Er setzte auf der Rückseite des Verbotsschreibens seine philosophischen Aufzeichnungen fort. Diese Begebenheit beleuchtet unverkennbare Wesenszüge des Menschen und Denkers Husserl, zum einen seine existentielle Orientierung an der Vernunft auch in schweren Erschütterungen, zum anderen seine typische Arbeitsweise. Er dachte im Schreiben, indem er sich Bleistiftnotizen machte. Als Philosoph war er ein unermüdlicher Arbeiter an Einzelproblemen. Zeugnis und Hinterlassenschaft dieser lebenslangen und tagtäglichen Arbeitsphilosophie ist sein – von Pater Van Breda unter gefährlichen Umständen vor der Vernichtung durch die Nazis geretteter – Nachlass im Husserl-Archiv zu Louvain in Belgien. Er umfasst im Wesentlichen 45 000 Seiten seiner Manuskripte in der alten Gabelsberger Stenogrammschrift, auch das erwähnte Verbotsschreiben. Dieser immense Nachlass gibt Kunde von dem zähen und monomanen Ringen, von dem Ernst und der Strenge, die das Philosophieren von Husserl durchgängig prägten. Die Phänomenologie entwickelt eine neue philosophische Methode der vorbehaltlosen Wesensanalyse aller Phänomene der Welt – welcher Art auch immer.

In seinem ersten Hauptwerk *Logische Untersuchungen* (1900/01) entwirft Husserl, der Psychologie bei Wundt studiert hatte, in Wien in Mathematik promovierte und in Halle *Über den Begriff der Zahl* (1887) habilitierte, eine neue Erkenntnistheorie. Das 1000-seitige Werk wendet sich mit fünf Kernargumenten gegen alle empirischen Verständnisse und Psychologisierungen der reinen Logik:

1. Ihre Regeln bedürfen keiner empirischen Abstützungen.
2. Sie sind notwendig.
3. Sie folgen nicht aus Induktionen.
4. Sie unterliegen nicht der Kausalität.
5. Sie beziehen sich nicht auf Tatsachen.

Entscheidend ist, dass Husserl diesen Ansatz der Herausarbeitung spezifischer Wesensgesetze im Folgenden von der Logik auf alle Gebiete der menschlichen Erkenntnis und Praxis ausweitet – und zwar im bewussten kritischen Kampf gegen die Wissenschaftsverfallenheit des Denkens in Szientismus und Naturalismus einerseits, gegen den Relativismus, Skeptizismus und Irrationalismus seiner Gegenwart andererseits. Der Reduktion der humanen Vernunft auf instrumentelle Wissenschaftlichkeit entspricht ihre prekäre Geringschätzung in subjektivistischen, psychologisierenden Entwürfen. Gegen diese Zerrissenheit der Vernunft richtet sich Husserls Kampf für eine *Philosophie als strenge Wissenschaft* (1911).

Er wird 1901 nach Göttingen berufen, wo er das Projekt der Phänomenologie mit einem exzellenten Schülerkreis umzusetzen beginnt. Ihr legendärer Kampfruf war die Devise: *Zu den Sachen selbst!* Sie war nicht überschwänglich, teutonisch oder bombastisch gemeint, sondern im Gegenteil als Aufforderung zur strengen Selbstdisziplin und methodischen Genauigkeit des Denkens. Im Seminar wies Husserl junge Studenten, die mit großen Thesen kamen, mit den Worten zurück: «Geben Sie Kleingeld». Die Göttinger Phase erhebt *alle Phänomene* – auch noch die unscheinbarsten und kleinsten – in den Rang authentischer und genuiner Gegebenheiten und dies vor und außerhalb aller theoretischen Konstruktionen und wissenschaftlichen, sie mit bestimmten vereinseitigenden Verständnissen überziehenden Zugangsweisen. Die Arbeit der Erinnerung an das Selbstverständliche, aber Vergessene erfordert dabei eine radikale Umlenkung der Blickrichtung, die von Husserl so genannte *epoché*. Diese Umkehr lässt sich kurz als *Aufgeben aller bisher geltenden Auffassungen* und Meinungen bestimmen. Erst nach *Ausschaltung* aller Setzungen erscheint die Welt in einem neuen, ihre tatsächlichen Strukturen erleuchtenden Licht. Erst dann wird auch sichtbar, dass eine Aufspaltung der Welt in Subjekte und Objekte von vornherein verfehlt ist. Vielmehr konstituiert sich die Welt in einem unzerreißbaren Zusammenspiel noetischer und noematischer Strukturen, die sich weder in ein gegenstandsloses Bewusstsein noch in ein Ding an sich auflösen lassen. Vielmehr ist die Urstruktur der Welt und in eins des Bewusstseins je bereits die der *Intentionalität*, wie Husserl im Anschluss an seinen Lehrer Franz Brentano lehrt. Das Bewusstseins-Leben ist intentional verfasst, und das heißt: *Jeder Akt bewussten Lebens ist gerichtet auf seine Erfüllung*. Wir hassen etwas, wir lieben etwas, wir hoffen auf etwas, wir fürchten etwas, wir sehen etwas, wir denken etwas – und niemals kann das bewusste Leben diese *Struktur minimaler Komplexität* verlassen, sich in pure Subjektivität auflösen oder sich verdinglichen. Es ergeben sich daher die Korrelationsanalysen der Göttinger Zeit, in denen sich bereits die systematische Überwindung der die gesamte philosophische Tradition bisher prägenden ontologischen *Subjekt-Objekt-Dichotomie* ankündigt. In Göttingen wurde Kleinarbeit geleistet. Husserl ließ von seinen Schülern Tintenfässer und Streichholzschachteln in Übungen analysieren. In Vorlesungen beschrieb er einen unscheinbaren Göttinger Abhang. Sein Schüler Reinach hielt während eines ganzen Semesters eine Vorlesung über einen Briefkasten. Was kurios anmutet, war radikal: Die Dingkonstitution wurde als ein dynamisches Geschehen aufgeklärt, in dem Gegebenheitsweisen des Gegenstandes sich jeweils als Erfüllungsmöglichkeiten für die noch unerfüllte, leere Intentionalität beschreiben ließen. Mögliche Verläufe der Erfahrung mit je spezifischer Typik waren präzise erfassbar, ihre Unlösbarkeit von den Lebensbewegungen ermöglichte die Ausarbeitung der Konzeption eines *Leibapriori* der Erkenntnis. Husserl untersucht, wie es zur Totalität einer Gegenstandswahrnehmung kommen kann. Jeder Gegenstand in seiner Komplexität erscheint als eine Idee, als unendliche Aufgabe für die Erkenntnis (Transzendenz des Gegenstandes). Neben der Lehre von der Intentionalität ist die *Lehre von den Horizonten* ein systematischer Grundbeitrag Husserls aus dieser Zeit. Der *innere Horizont* kann als die Fülle der möglichen internen intentionalen Verläufe der Gegenstandskonstitution gekennzeichnet werden. Der *äußere Horizont* ist die Umgebung, in der sich ein Phänomen überhaupt erst als das zeigen kann, was es ist, die sinnstiftende kontextuelle Grenze seiner endlichen Totalität. Diese Grenze ist offen auf andere, weitere Horizonte hin bestimmt. Die Intentional- und Horizontanalysen führen Husserl zur Konzeption überhaupt möglicher *Regionen* menschlicher Erfahrung und Erkenntnis mit unverwechselbaren Modi der intentional-horizontalen Konstitution (Region der Zahlen, Raumkonstitution, Zeitkonstitution, leibliche, kinästhetische Konstitution etc.). Die Phänomenologie wird zur beschreibenden Klärung der Geltungsimplikationen und Verlaufsformen unserer alltäglichen Erfahrungen und zur Wesenswissenschaft von den apriorischen Regionen, von den überhaupt möglichen Intentionen und Horizonten. «Das Gebiet des Apriori ist unübersehbar groß» – so resümiert Husserls damaliger Mitarbeiter Reinach die Quintessenz dieser Phase der phänomenologischen Bewegung.

Vergegenwärtigen wir uns die phänomenologischen Implikations- und Geltungsanalysen, wie Husserl sie in Göttingen praktizierte, an einem etwas komplexeren Beispiel. Nehmen wir an, ich entdecke auf der Straße vor mir ein Geldstück. Das Glitzern deutet auf einen Euro hin. Es bildet sich jetzt sofort um meine Wahrnehmung *ein Hof* bzw. Horizont von Implikationen: Das Geldstück hat jemand verloren. Ich kann es aufheben und einstecken. Ich kann etwas damit anfangen, mir etwas kaufen. Eine gewisse Genugtuung will sich einstellen. In diesem Augenblick erreiche ich das Geldstück, bücke mich, um es aufzuheben, und entdecke zu meiner Enttäuschung: Es ist gar kein Euro, sondern ein silberner Kronenkorken. Dieser Augenblick der Enttäuschung impliziert eine Reihe von zeitlich gegliederten Voraussetzungen, die sich explizieren lassen. 1. Eine Enttäuschung hat stattgefunden, eine Enttäuschung meiner ursprünglichen Intention, die auf ein Geldstück gerichtet war. Negativ lässt sich feststellen: Es ist kein Geldstück da. 2. Das begleitende Glitzern ist nicht das Glitzern eines Euros gewesen. Auch die mitgegebenen Aspekte des Innenhorizonts des Gegenstandes sind anders. 3. Da, wo ich das Geldstück wahrnahm, da ist in Wahrheit etwas anderes, das ich eben zuerst wahrnahm und jetzt noch wahrnehme. Es handelt sich in der Wahrnehmung um zwei unvereinbare Identifikationen. 4. Das in der Täuschungswahrnehmung sichtbare Glitzern des Geldes wird als etwas matteres metallenes Schimmern des Kronkorkens erkennbar; auch dieses war schon vorher, vor der Täuschung, «da» – so wird mit einem Schlag erkennbar. 5. Die Enttäuschungs-Erfahrung impliziert weiter, dass sich bestimmte Momente des neu gesehenen Phänomens mit bestimmten Momenten des vor der Enttäuschung gesehenen Phänomens decken. Z. B. wurde das Glitzern des Geldes zum Schimmern des Kronkorkens; die Kreisform, die flache Gestalt, die Größe decken sich entsprechend. 6. Mir selbst wird im Moment der Enttäuschung über mich klar, dass ich in der Täuschung etwas anderes sah (und: etwas anders sah) als jetzt, in und nach der Enttäuschung. Es ist mir nun artikulierbar, dass ich wahrnehmend vor der Enttäuschung intentional anders eingestellt war. Es tritt der Moment der Reflexivität hinzu. Zu ihr gehört 7. ein Thematisch-Werden der Wahrnehmung selbst: Während das Geldstück schlicht gegeben war (selbstgegeben), so ist meine Wahrnehmung jetzt – durch die Enttäuschung – beobachtend, abtastend und untersuchend geworden, und zwar im Nu. Also hat sich auch die Form der Intentionalität modifiziert. Mir wird 8. deutlich, dass das vermeintliche Geldstück auf meine frühere Intention hin relativ – nämlich allein auf diese bezogen – war. Mir wird 9. klar, dass die Intention unangemessen war: Es war gar kein Geld da. 10. wird deutlich, dass aus Unangemessenheit jetzt eine Angemessenheit geworden ist. Es war nicht ehemals Geld da, und jetzt ist ein Kronkorken da – dies wäre ein Phänomen der Kategorie der Verwandlung oder Verzauberung – sondern nur der Kronkorken war und ist da. 11. Damit hat sich der gesamte äußere Horizont des Gegenstandes gewandelt; während der Euro im Horizont der Brauchbarkeit stand, steht der Korken im Horizont der Nutzlosigkeit eines Stückes Abfall. 12. Ich habe es jetzt mit wahrer Wirklichkeit zu tun, während das frühere Phänomen in die Irrealität abgesunken ist. 13. Dennoch nahm ich das Geldstück – in der Täuschung – tatsächlich wahr. 14. Der Augenblick der Enttäuschung impliziert schließlich, dass ich nicht im selben Moment einer neuen Täuschung verfallen bin. Ich weiß jetzt, was auf der Straße liegt.

Diese Analyse der Füllequalitäten eines Augenblicks der Wahrnehmung mit seinen vierzehn konstitutiven Aspekten kann verdeutlichen, wie eine Arbeit der Erinnerung an das Selbstverständliche und Verborgene das Zentrum und das Faszinosum der frühen Phänomenologie ausmachte. Das Freilegen einer Tiefendimension an Geltungsimplikationen noch in der trivialsten Alltäglichkeit hatte etwas von der Rückgewinnung eines Geheimnisses der Wirklichkeit nach dem Schwund aller metaphysischen und weltanschaulichen Systemkonstruktionen an sich: und dies als strenge Analyse. Gleichzeitig konnte die weltfremde Distanznahme des phänomenologischen Blicks durch die Ausschaltung aller Praxisbezüge gerade eine neue Weltnähe und Vertrautheit heraufführen. Es gibt, so zeigte sich, keine isolierbaren Bewusstseinsakte (Noesen) und daneben Strukturen der Gegenstände (Noemata) an sich, sondern nur Bewusstseinsakte, in denen Gegenstände konstituiert werden: noetisch-noematische Strukturen. Realismus und Idealismus waren keine Alternative mehr. Husserl gab die Parole aus: «Wer mehr sieht, hat recht».

Aber Husserl radikalisiert seinen Ansatz in den *Ideen zu einer reinen Phänomenologie und phänomenologischen Philosophie* (1913) sogar noch. Er vollzieht eine *transzendentalphilosophische Wende*, um auf die Frage zu antworten: Was muss bei allen intentionalen Akten schon vorausgesetzt werden und: Gibt es einen allen Horizonten vorausliegenden, umgreifenden Horizont? Die Antwort besteht in der Thematisierung der *Welt*. Husserl wird als Nachfolger Rickerts nach Freiburg berufen. Dort führt er umfassende Analysen *Zur Phänomenologie des inneren Zeitbewusstseins* (1893/1917), zur *passiven Synthesis* (zu passiven Bewusstseinsvollzügen), zur *Phänomenologie der Intersubjektivität* (1905–1928) durch, die alle erst aus dem Nachlass ediert wurden. Die Untersuchungen verzweigen sich in den Manuskripten in eine schier undurchdringliche innere Komplexität. In seiner Spätphase tritt Husserl mit einer weiteren, höchst innovativen philosophischen Leistung hervor: Mit einer Kritik der europäischen Wissenschaftsentwicklung unter dem berühmt gewordenen Leitbegriff der *Lebenswelt*. Obwohl bereits durch die Nazis gedemütigt, analysiert er in *Die Krisis der europäischen Wissenschaften und die transzendentale Phänomenologie* (1936) den umfassenden *Entfremdungscharakter der neuzeitlichen Wissenschaften*. Er reiht sich mit dieser Arbeit noch einmal in die große Tradition des jüdischen Rationalismus innerhalb der deutschen Philosophie ein. Die Kernthese ist: Der lebensbedeutsame Sinn der Wissenschaft ist der Neuzeit abhandengekommen. Sowohl der heraufkommende Irrationalismus der 1930er Jahre als auch die von der technischen Weltzivilisation ausgehenden Bedrohungen entsprechen nicht länger der Idee der Vernunft, wie sie als selbst unableitbares Ereignis, als ‹Urstiftung› im antiken Griechenland entstand. Die wissenschaftliche Kultur zeigt die Struktur der Selbstentfremdung, in der wissenschaftliche Objektivität, eigentlich Produkt menschlicher Praxis, dieser beziehungslos gegenübertritt und sich zerstörerisch gegen sie wendet. Hier setzt die Aufgabe der transzendentalen Phänomenologie ein: Sie soll zeigen, dass und wie auch die objektivistisch gedachte An-sich-Welt den menschlichen Leistungen, der Lebenswelt, entstammt. ‹Lebenswelt› ist der Titel für den umfassenden Horizont menschlichen Erkennens und Handelns vor wissenschaftlichen Objektivierungsleistungen. Husserls *Kritik der modernen Lebensweltvergessenheit* ist der radikale Versuch der Erinnerung an das menschliche Fundament aller wissenschaftlichen Praxis, um so den selbsterzeugten Schein des Objektivismus zu zerstören. Die *Krisis*-Arbeit wirkt mit diesen Grundgedanken nachhaltig auf Wissenschaftstheorie, Wissenschaftskritik, Anthropologie und Geschichtsphilosophie des 20. Jahrhunderts. Dies gilt für die gesamte Lebensleistung Husserls: Weder seine Psychologismuskritik in der Logik und Erkenntnistheorie noch seine Begründung einer transzendentalen Phänomenologie sind aus der Geistesgeschichte wegzudenken. Mit diesen Leistungen bewirkt Husserl eine große, schließlich internationale Schulbildung.

Seine wichtigsten Schüler sind:

Max Scheler (1874–1928), der eine personalistische Phänomenologie und eine materiale Wertethik entwickelt (*Der Formalismus in der Ethik und die materiale Wertethik*, 1913–1916) und die Phänomenologie auf die Religionsphilosophie ausdehnt (*Vom Ewigen im Menschen*, 1921), Nicolai Hartmann (1882–1950), der ein ontologisches Verständnis der Phänomenologie vertritt (*Metaphysik der Erkenntnis*, 1921), Moritz Geiger (1880–1937), der eine *Phänomenologie des ästhetischen Genusses* (1913) entwirft, Adolf Reinach (1883–1917), der 1913 *Die apriorischen Grundlagen des bürgerlichen Rechtes* vorlegt. Edith Stein (1891–1942) vollzieht in *Endliches und ewiges Sein* (1950) eine Synthese der Husserlschen Phänomenologie mit der Seinslehre des Thomismus und der augustinischen Metaphysik, Wilhelm Schapp (1884–1965) entwirft eine originelle narrative Phänomenologie der Geschichten, in die wir verstrickt sind (*In Geschichten verstrickt. Zum Sein von Ding und Mensch*, 1953), Martin Heidegger (1889–1976), Nachfolger auf dem Lehrstuhl Husserls, wird sein bedeutendster Schüler.

Wichtig ist die Wirkung der Phänomenologie auf andere Fächer, so auf die Literaturwissenschaft (Roman Ingarden), die Theologie und die Soziologie.

Der Soziologe Alfred Schütz (1899–1959) wendet die phänomenologische Methode auf die Gesellschaft an. In *Der sinnhafte Aufbau der sozialen Welt* (1932) versucht er, diesen Aufbau im Blick auf das jeweils Wesentliche der gesellschaftlichen Lebensformen zu erfassen.

Bereits früh wirkt die Phänomenologie international, v. a. in Frankreich, Husserl hält 1928 Vorlesungen in Paris. Gabriel Marcel (1889–1973) rezipiert sie im Kontext religionsphilosophischen Denkens in *Être et avoir* (1935; *Sein und Haben*, 1968), Sartre in erkenntnistheoretischen Arbeiten (*La Transcendence de l'Ego. Esquisse d'une description phénoménologique*;

Die Transzendenz des Ego, 1936). Besonders wichtig für die Weiterentwicklung der Phänomenologie wird Maurice Merleau-Ponty (1908–1961) mit seinem Hauptwerk *Phénoménologie de la perception* (1945; *Phänomenologie der Wahrnehmung*, 1966), in dem er die leibliche Fundiertheit der sinnlichen Erfahrung ins Zentrum rückt, ebenso in *Le visible et l'invisible* (1964; *Das Sichtbare und das Unsichtbare*, 1986). Emmanuel Lévinas (1906–1995) führt die Phänomenologie in Richtung einer ontologischen Ethik weiter, die die interpersonale Beziehung zum Anderen als Mitmenschen zugrundelegt (*Autrement qu'être ou Au-delà de l'essence*; *Jenseits des Seins oder anders als Sein geschieht*, 1974). Er hatte schon 1930 über die Erkenntnistheorie Husserls gearbeitet (*Théorie de l'intuition dans la phénoménologie de Husserl*; *Die Theorie der Anschauung in der Husserlschen Phänomenologie*). Auch Paul Ricoeur (1913–2005) entwickelt die Phänomenologie im Rahmen hermeneutischer und narrativer Fragestellungen produktiv weiter.

Auch in der anglo-amerikanischen Welt wird die Phänomenologie rezipiert. 1929 verfasst Husserl den Artikel «Phenomenology» für die *Encyclopaedia Britannica*. 1939 wird die International Phenomenological Society in New York gegründet.

4. Der Sinn von Sein – Martin Heidegger

Martin Heidegger aus Meßkirch in Baden (1889–1976) studierte 1909–1913 Philosophie und Katholische Theologie in Freiburg im Breisgau. Bereits 1907 las er Franz Brentanos Schrift *Von der mannigfachen Bedeutung des Seienden nach Aristoteles* (1862). Im Studium beeinflussten ihn die Schrift *Vom Sein* seines Lehrers für Dogmatische Theologie Carl Braig, ebenso Husserls *Logische Untersuchungen*. Er promovierte 1913 über *Die Lehre vom Urteil im Psychologismus*. In seiner Habilitationsschrift untersucht er *Die Kategorien- und Bedeutungslehre des Duns Scotus* (1915), sein Habilitationsvortrag behandelt den *Zeitbe-*

griff in der Geschichtswissenschaft. Immer intensiver reflektiert er die Grundlagen sowohl der Transzendentalphilosophie als auch der entstehenden Phänomenologie; insbesondere die Leitbegriffe der Welt und des Lebens. Er wird 1920 Assistent Husserls, 1923 Professor in Marburg. In der höchst anregenden und produktiven Marburger Phase, geprägt auch von der Kooperation mit dem Theologen Rudolf Bultmann, studieren Hans-Georg Gadamer, Karl Löwith, Hannah Arendt, Hans Jonas bei Heidegger und hören seine außergewöhnlichen Vorlesungen zur Ontologie und Hermeneutik. Parallel verfasst er *Sein und Zeit*, eines der Hauptwerke des 20. Jahrhunderts, das 1927 in Husserls *Jahrbuch für Philosophie und phänomenologische Forschung* erscheint und diesem gewidmet ist. «Mit einem Schlage war der Weltruhm da» – so Gadamer, der in dieser Zeit Heideggers Assistent war und davon berichtet, wie sein Lehrer das Werk oft des Nachts in seiner Hütte im Schwarzwald schrieb. 1928 wird Heidegger als Nachfolger Husserls nach Freiburg berufen (Antrittsvorlesung: *Was ist Metaphysik?*, 1929). Er vertieft im Anschluss an *Sein und Zeit* seine kritisch-rekonstruktive Auseinandersetzung mit Kants Transzendentalphilosophie (*Kant und das Problem der Metaphysik*, 1929), an die sich in Davos eine berühmte Disputation mit dem Neukantianer Ernst Cassirer anschließt.

Heidegger wird 1933 Rektor der Universität Freiburg. Er hält die Rede zur *Selbstbehauptung der deutschen Universität*, in der er die Studenten zur Aktivität in «Arbeitsdienst, Wehrdienst und Wissensdienst» auffordert. Heidegger war bereits in die NSDAP eingetreten. Aufgrund seines Engagements wurde seine Lehrtätigkeit von 1945–1951 untersagt. Mittlerweile ist im Blick auf seine Aktivitäten in der NS-Zeit eine differenzierte Sicht möglich. Während er zu Beginn Hoffnungen auf positive Entwicklungen für Deutschland mit dem Nationalsozialismus verband, widmete er dann bis 1944 seine Vorlesungen und Studien eindringlichen Untersuchungen zum Deutschen Idealismus, zu Hölderlin und zu Nietzsche, die sich auch als kritische Distanzierung von der NS-Ideologie verstehen lassen. Nach seiner Emeritierung 1952 hielt er immer wieder vielbeachtete Vorträge und veranstaltete Seminare. Die spätere Zeit seines Denkens ist durch einen Abschied von der bisherigen Philosophie charakterisiert, den er als «Kehre» bezeichnet und der, recht verstanden, sehr früh bereits einsetzt. Ein programmatisches *Spiegel*-Interview von 1966, auf seinen Wunsch erst nach seinem Tod veröffentlicht, trägt den für seine radikal-kritische Spätphilosophie kennzeichnenden Titel «Nur noch ein Gott kann uns retten».

Was macht *Sein und Zeit* zu einem so herausragenden Werk? Heidegger stellt zwei radikale Grundfragen: Die Frage nach dem Sinn von Sein – die Seinssinnfrage, die nach seiner Auffassung in der bisherigen Philosophie seit ihrem Ursprung in der Antike nicht oder falsch gestellt bzw. beantwortet wurde, ferner die Seinsgrundfrage: Warum ist überhaupt etwas und nicht nichts? – eine Frage, die Leibniz und Schelling stellten, die aber bisher keine Antwort erhalten hat. Angesichts dieser Fragen unternimmt Heidegger in *Sein und Zeit* eine grundsätzliche Kritik der traditionellen Substanzontologie. Er stellt das Wahrheitsproblem auf innovative Weise dar, rückt die klassische Analyse der Modalbegriffe Wirklichkeit und Möglichkeit (Aristoteles: *energeia* und *dynamis*) in den Kontext seiner Analyse des menschlichen Daseins ein und transformiert die klassische Kategorienlehre im Blick auf die menschliche Existenz. Hinzu kommt, dass sich in *Sein und Zeit* alle Methoden und Themen der bisherigen Arbeit Heideggers verdichten und neu gefasst werden. Insbesondere lassen sich fünf zentrale Schichten unterscheiden, die im Zuge der Analyse transformiert und neu kombiniert werden: die Schicht der traditionellen *Ontologie* bzw. *Metaphysik* Platons und Aristoteles', die Schicht der an Kant anknüpfenden *Transzendentalphilosophie*, die Schicht der an Husserl anknüpfenden *Phänomenologie*, die Schicht der von Simmel und Dilthey geprägten *Lebensphilosophie und Hermeneutik*, schließlich die stark von Paulus und Kierkegaard beeinflusste *existentiell-religiöse bzw. theologische* Schicht.

Mit diesen Schichten, die sich allerdings nur künstlich und nachträglich separieren lassen, thematisiert und reflektiert Heidegger ersichtlich zentrale Aspekte der europäischen Philosophiegeschichte, ja der okzidentalen Vernunftgeschichte, und dies auf innovative Weise. Entscheidend ist, dass der rekonstruktive Rückbezug auf Ontologie und Metaphysik von vornherein auf einen kritischen Abbau («Destruktion») der Überlieferung ausgerichtet ist. Denn ihre Kategorien sind für die Erfassung des menschlichen Lebens (des Daseins) ungeeignet. Auch Heideggers Rezeption der Transzendentalphilosophie erfolgt kritisch-destruktiv: Kants Zeitanalyse insbesondere im Schematismuskapitel der *Kritik der reinen Vernunft* ist der Zeitlichkeit des menschlichen Lebens nicht angemessen. Die Aufnahme der Husserlschen Phänomenologie richtet sich methodologisch *de facto* gegen deren bewusstseinsphilosophische Voraussetzungen und die Subjekt-Objekt-Differenz, der gegenüber Heidegger eine vorgängige ekstatische Einheit des menschlichen In-der-Welt-seins zu denken versucht. Gegenüber dem Husserlschen Cartesianismus erfolgt in *Sein und Zeit* – bei aller expliziten Würdigung der phänomenologischen Methode (§ 7) – tatsächlich eine fundamentale Kritik und Transformation. Die Schicht der Lebensphilosophie und Hermeneutik (der Frage nach den Gründen des Verstehens), die über Simmel und Dilthey auf die Werke Schopenhauers und Nietzsches zurückgeht, wird innovativ transformiert sowohl durch die Aufnahme der Existenzdialektik Kierkegaards als auch durch Heideggers produktive Aneignung der Praxis-Analysen des Aristoteles. So steht die zentrale Sorge-Struktur mit der aristotelischen *orexis* in Verbindung, die Struktur des Gewissens mit der der *phronesis*. Die generelle Interpretationsrichtung von *Sein und Zeit* führt zur lebensphilosophischen Hermeneutik, in Heideggers Terminologie: zur Existentialanalyse. In ihr unterscheidet er uneigentliche von eigentlichen Formen der menschlichen Existenz. Die *existentiell-religiösen* und *theologischen* Schichten führen zu den *eigentlichen* Existenzformen: zum Gewissen, zu Schuld, Angst und Tod, deren Analysen in *Sein und Zeit* großen Raum einnehmen. Paulus, Johannes, Augustinus, Luther und Kierkegaard bilden hier den Subtext des Werkes.

In die Analytik der menschlichen Existenz münden alle

Schichten, und sie werden alle in diese Analytik transformiert. Wie geschieht diese Transformation systematisch? Dies lässt sich am Aufbau der Kernargumentation von *Sein und Zeit* in sieben Schritten zeigen. 1. die Grundfrage nach dem *Sinn von Sein* wurde laut Heidegger seit über 2500 Jahren nicht oder falsch gestellt – ein ungeheurer Anspruch (§§ 1–8). 2. Die Klärung dieser Frage kann nur erfolgen im Rückgang auf das einzige Seiende, das überhaupt Sein «verstehen» kann – im Rückgang auf den Menschen, das *Dasein* in Heideggers Terminologie (§§ 9–11). 3. Das Wesen des Daseins ist das *in-der-Welt-sein.* (Dabei zeigt die Bindestrich-Schreibweise, über die man sich gern amüsierte, sehr genau methodisch beabsichtigt die unzerreißbare Struktur dieser Existenzform an.) Deswegen erfolgt eine umfassende *Weltanalyse* – sie bildet den ersten großen Schwerpunkt des in *Sein und Zeit* wirklich durchgeführten Programms (§§ 12–38). In diesen Kontext gehört auch die Unterscheidung von «Zuhandenheit» und «Vorhandenheit», mit der Heidegger Elemente des amerikanischen Pragmatismus aufgreift – wie vor ihm schon Lask. Etwas ist zuhanden, wenn ich es benutze, so eine Schere oder einen Stuhl. Etwas ist bloß vorhanden, wenn ich es bloß betrachte. Wenn Theorien bloß vorhandenheitsontologisch orientiert sind, verkennen sie, dass unsere menschliche Welt im wesentlichen durch unsere Praxen und Techniken auf allen Ebenen konstituiert ist. 4. Das Wesen des In-der-Welt-sein ist daher die *Sorge.* Mit Bezug auf sie entwickelt Heidegger eine elementare Konzeption des menschlichen Handelns, eine Hermeneutik menschlicher Praxis (§§ 39–44). 5. Das Wesen der sorgenden Praxis ist die *Zeitlichkeit*, wie sie sich insbesondere in der Endlichkeit und Sterblichkeit des Menschen, im Sein-zum-Tode, manifestiert (§§ 45–71). 6. Von dieser *ekstatischen* Zeit her wird auch die *Geschichtlichkeit* des menschlichen Daseins allererst verstehbar (§§ 72–77). 7. Die ekstatische menschliche Lebenszeit ist die *ursprüngliche Zeit*, von der her alle andere Zeit – die Geschichtszeit, die Uhrzeit, die physikalische Zeit – überhaupt erst möglich wird (§§ 78–83). Fragend bricht *Sein und Zeit* ab: «Offenbart sich die *Zeit* selbst als Horizont des *Seins*?» (SZ 437). Neben diesen sieben grundlegenden Analyseschritten und den zuvor aufgewiesenen fünf Quellenschichten lassen sich nun noch folgende vier Fundamentalunterscheidungen akzentuieren, die den gesamten Ansatz des Werkes methodisch sowohl fundieren wie auch strukturieren.

1. Die für die Seinsfrage und das Programm der Destruktion der gesamten bisherigen Ontologie wie auch für die von Heidegger projektierte innovative Fundamentalontologie zentrale Unterscheidung ist die *ontisch-ontologische Differenz*, die Differenz von «Seiendem» und «Sein», wobei «Sein» zunächst als das «Daß» des Seins des Seienden, dann aber umfassend als «Sinn von Sein» verstanden werden kann. Heideggers kritische These besagt, dass diese Differenz in der Tradition stets eingeebnet wurde, dass «das Sein» bzw. das «Daß des Seins des Seienden» (dass überhaupt etwas ist) und sein Sinn stets auf die Ebene des bloß Seienden nivelliert wurde.
2. Die für die Analyse der menschlichen Existenz, die existenziale Analytik fundamentale Differenz ist die von *Kategorien und Existenzialien*. Diese Differenz behauptet eine grundsätzliche Verschiedenheit derjenigen Begriffe, mit denen wir über nicht-daseinsmäßiges Seiendes, über nicht-menschliche Phänomene sprechen, von solchen Begriffen, mit denen wir auf reflektierte Weise über uns selbst, über unser zeitlich-endliches Leben, über unsere Praxis und unser Selbstverständnis sprechen. Erstere nennt Heidegger Kategorien (das ist auch der Ort der klassischen Kategorienlehre), letztere Existenzialien.
3. Eine weitere, methodologisch relevante Fundamentalunterscheidung ist die der *existenziellen* von der *existenzialen* Rede-Ebene. Die existenziell(-ontische) Ebene ist die reale, konkrete Ebene der Lebenspraxis und Lebenserfahrung, die existenzial(-ontologische) Ebene die Ebene der theoretischen Rede über die existenzielle Ebene. Sprachphilosophisch könnte man hier die philosophische, theoretische Metasprache von der normalen, der Alltagssprache unterscheiden.

4. Schließlich strukturiert die Unterscheidung von *Eigentlichkeit* und *Uneigentlichkeit* den Gesamtaufbau von *Sein und Zeit*. Bei den «uneigentlichen» Strukturen der menschlichen Existenz handelt es sich um «durchschnittliche», «alltägliche» Handlungsweisen und Selbstverständnisse, während die «eigentlichen» Strukturen in Grenz- und Extremsituationen zutage treten. Die alltäglichen Üblichkeiten und Gewohnheiten der Lebensbewältigung, das Einerlei, der Trott und oberflächliches Gerede sind eher «uneigentlich». Situationen ausgezeichneter Entscheidungen und Erlebnisse, der Schuld, der Verantwortung, der Verantwortung für sich und für andere, der Unvertretbarkeit lassen sich angemessen nur «eigentlich» verstehen. Die im Werk durchgeführten Zeitanalysen sind wesentlich für dieses Verstehen. *Sein und Zeit* entfaltet nun in einer Fülle von komplexen Einzelanalysen die ontologische Differenz, den Unterschied der Existenzialien von den Kategorien und einen innovativen Weltbegriff, die Differenz von Vorhandenheit und Zuhandenheit, den Weg vom «Sein» zur «Zeit» und deren ekstatischer Struktur sowie den Weg von der Uneigentlichkeit zur Eigentlichkeit. Heidegger entwickelt eine anticartesianische Weltanalyse als Hermeneutik der Alltäglichkeit und der pragmatischen Weltkonstitution. Wesentlich ist, dass die Strukturen der Existenz in der Alltäglichkeit (und Unscheinbarkeit) verdeckt und verborgen sind und *gegen* diese Verdecktheit allererst freigelegt, «entborgen» werden müssen. Heidegger spricht von der «Ferne des Nahen». Komplexe Verstehenssituationen in der alltäglichen Welt bilden eine Bewandtnisganzheit (§ 18), die einen raum-zeitlichen Verweisungszusammenhang formt. Unsere sorgende Praxis ist der tätige Umgang mit etwas, und diese konstituiert allererst Bedeutung. Sowohl der amerikanische Pragmatismus (James, Peirce, Dewey) als auch Wittgensteins spätere Gebrauchsanalyse der Bedeutung (s. u.) entsprechen diesem Ansatz.

Die Feinstruktur der Hermeneutik der Alltäglichkeit zeigt sich an der Zeitlichkeit der sorgenden Praxis. Ihre minimale interne Komplexität bestimmt Heidegger als «Sich-vorweg-sein im Schon-sein in-der-Welt als Sein bei innerweltlich-begegnenden Seienden.» In dieser unzerreißbaren Struktur minimaler Komplexität sind die Aspekte der Zukunft, der Vergangenheit wie auch der augenblicklichen Gegenwart *gleichursprünglich* verbunden. *Jeweils* nehme ich Zukünftiges *schon* vorweg, *indem* ich bereits Vergangenes *noch* erinnere, *noch* im Bewusstsein halte. So kann ich *jetzt*, gegenwärtig meine Lebenssituation wahrnehmen und verstehen: Sei es, dass ich irgendwohin gehe, sei es, dass ich Musik höre, sei es, dass ich jemandem zuhöre oder etwas lese, sei es, dass ich etwas esse oder träume. Diese ekstatische «Zeitigung der Zeitlichkeit» geht allem Handeln und Verstehen bereits, diese ermöglichend, voraus. Die «Ek-stasen», die Ausstände der vorgängig einenden Zeitigung sind die Vergangenheit, die Zukunft und die Gegenwart, die *nur zusammen* Sinn überhaupt erst konstituieren. Erkennen, wahrnehmen, planend handeln, verstehen, Situationen erleben – all dies ist zeitlich ermöglicht.

Im folgenden arbeitet Heidegger auf dieser Grundlage die Struktur eines eigentlichen Selbstverständnisses angesichts des Todes und die Stellung der Zeit als den ekstatischen Horizont des Seins heraus. In paradigmatischen Analysen zu Schuld und Gewissen, Angst und existentieller Sterblichkeit wird die irreduzible Ganzheit des ekstatisch-zeitlichen, endlichen menschlichen In-der-Welt-seins herausgearbeitet. Dasein ist, was es nicht ist, und ist nicht, was es ist: Es ist seine eigene «Nichtigkeit». «*Die ekstatische Zeitlichkeit lichtet das Ja ursprünglich.*» (SZ 351) Mit der Grundfrage nach der Zeit als dem letzten Horizont des Seins bricht *Sein und Zeit* ab.

Folgende Gründe lassen sich für die breite, internationale und andauernde Wirkung von *Sein und Zeit* nennen: Die Ausarbeitung einer Transzendentalpragmatik der Weltkonstitution gegen die traditionelle Vorhandenheitsontologie, die Entwicklung einer Existenzialen Analytik gegen objektivistische, kategorial verzerrende Missverständnisse des menschlichen Daseins, die Entfaltung einer fundamental ansetzenden Theorie der Hermeneutik, die Freilegung der ekstatischen existenziellen Zeitlichkeit, die Einbettung aller dieser Analysen in die Frage nach dem

Sinn von Sein und nach einem eigentlichen menschlichen Selbstverständnis, welche Anschlüsse für die Ethik, die Politik, die Psychologie wie für die Theologie bot.

Die weltweite und andauernde Wirkung des Werks lässt sich in acht Rezeptionsphasen verdeutlichen.

1. Wesentlich wird es für die Entstehung und Entwicklung der *Existenzphilosophie*, des *Existentialismus* (Jaspers, Sartre, Camus und der *Existenztheologie* (s. u.)), 2. durch seine Verstehensanalysen für die *Hermeneutik* (Gadamer), 3. wirkt es auf die Weiterentwicklung der *Phänomenologie*. So führt Merleau-Ponty in seiner *Phänomenologie der Wahrnehmung* (1945) die existenziale Analytik durch die Einarbeitung eines fundamentalen Leib-Apriori der Erkenntnis eigenständig weiter. Auch die phänomenologische Religionsphilosophie und Ethik des «Anderen» (des Mitmenschen) von Emmanuel Lévinas steht in der Tradition von Heideggers Ontologiekritik. Husserls späte *Krisis*-Schrift nimmt auch Grundgedanken Heideggers auf. 4. Eine vierte Rezeptionsgruppe ist die Psychologie, Psychopathologie und Psychoanalyse. Ludwig Binswanger und Medard Boss entwickeln existenzialanalytische Psychologien, die mit Heideggers Daseinsanalyse den Positivismus Freuds überwinden wollen. Der Gedanke der ontologischen Differenz wirkt auf die Psychoanalyse von Jacques Lacan. 5. Entwickelt sich ein «Heidegger-Marxismus» in der Neuen Linken und bei Herbert Marcuse, dem frühen Schüler. Sein Buch *Der eindimensionale Mensch* (1964) ist unverkennbar an den Untersuchungen der Existenzialen Analytik geschult: Die Eindimensionalität ist die Verfallenheit der uneigentlichen Existenz an die sinnlose Konsum- und Güterwelt des Spätkapitalismus, die alternative, mehrdimensionale Lebensform ist die eigentliche Existenz der «großen Weigerung» und des authentischen Engagements (s. u.). 6. Eine weitere Rezeptionsphase ist die Wirkung Heideggers auf den *Strukturalismus* wie auf den *Poststrukturalismus*, die *Dekonstruktion* wie die *Postmoderne* (s. u.). So trägt Michel Foucaults Analyse von Diskursformationen Züge einer Heideggerschen Seinsgeschichte, und sein emphatisches Konzept der «Sorge um sich» wird im Rückgang auf Heideggers Sorge-Analyse entwickelt. *Sein und*

Zeit wurde ebenso wichtig für den Ansatz der Dekonstruktion von Jacques Derrida mit seinem Grundbegriff der Differenz. 7. Die internationale Gegenwartsdiskussion ist auf vielfältige Weise mit Grundgedanken von *Sein und Zeit* verbunden. Besondere Bedeutung kommt dem Ansatz bei der Alltäglichkeit sowie bei der pragmatischen Weltkonstitution für die sich seit längerem vertiefende Diskussion zwischen «kontinentaler» und «analytischer» Philosophie zu. Die Nähe von *Sein und Zeit* und der Analytik des In-der-Welt-seins mit den sprachpragmatischen Ansätzen von Gilbert Ryle und Ludwig Wittgenstein ist schon lange evident; Wittgenstein selbst äußert sein Verständnis Heideggers explizit. Richard Rorty sieht in *Sein und Zeit* die Vorgestalt der Spätphilosophie Wittgensteins. Mittlerweile sind es vor allem die Systemelemente des Pragmatismus und seiner normativ-geltungskonstitutiven Implikationen, die für das analytisch-sprachphilosophische Denken Anknüpfungspunkte bieten, so bei Brandom. 8. Bedeutend ist *Sein und Zeit* für den internationalen *Dialog der Kulturen* insbesondere Europas mit Asien. So liegt das Werk in sieben japanischen Übersetzungen vor. In Asien und Südamerika befinden sich Zentren intensiver Rezeption. In all diesen Rezeptionstransformationen wird *Sein und Zeit* als eines der bedeutendsten Werke der Philosophie des 20. Jahrhunderts sichtbar.

Während des Nationalsozialismus versucht Heidegger 1933 und 1934 zunächst Anschlüsse seines Denkens für eine Erneuerung des deutschen Volkes und auch der Wissenschaften und der Universitäten zu finden. Als dieser Versuch misslingt, wendet er sich grundsätzlich gegen Fehlentwicklungen der Moderne (*Überwindung der Metaphysik*, 1936–1946; *Die Zeit des Weltbildes*, 1938), oft in intensiver Auseinandersetzung mit der Dichtung Hölderlins (*Hölderlin und das Wesen der Dichtung*, 1937) und dessen Klage über die «dürftige Zeit» der «entflohenen Götter» und mit Nietzsches Lehre vom Tod Gottes und von der nahenden Zeit des Nihilismus (*Nietzsche-Vorlesungen*, 1936–1941). In dieser Zeit entsteht auch ein später als zweites Hauptwerk eingestufter Text, die *Beiträge zur Philosophie* (1936–1938, erschienen 1989). Heidegger diagnostiziert in der

Kontinuität seiner fundamentalontologischen Fragestellung eine seit Platons Ideenlehre und bis zu Nietzsches Denken das Abendland beherrschende «Seinsvergessenheit»: Das Sein wurde immer wieder auf neue Weise vergegenständlicht, verdinglicht und so grundsätzlich verkannt und verfehlt. Diese Verdinglichung setzte sich daher auch im Denken Gottes als des «höchsten Seienden» und in der Auffassung vom Menschen als Vernunftwesen und erkennenden Subjekt fort. Dieses grundsätzliche verfallene Denken führt nach Heidegger in Neuzeit und Moderne zur Reduktion der Vernunft auf Technik und Naturwissenschaften, die ihre Verfügungsgewalt auf die gesamte Erde ausbreiten. Auch, wenn sich der Mensch ins Zentrum stellt, überwindet er keineswegs diese Seinsvergessenheit, sondern entspricht ihr gerade (*Brief über den «Humanismus»*, 1947). Demgegenüber versucht Heidegger, einen radikal «anderen Anfang» des «Denkens» – gerichtet auch gegen alle bisherige Philosophie – zu entwerfen. Er versucht, das Sein als ein Geschehen, als «Ereignis» zu denken, welches überhaupt erst Welt und Mensch ermöglicht. Die explizite «Kehre» des Denkens Heideggers versucht auf immer neue Weise, dieses Ereignis des «Seyns» (wie er nun zur Abgrenzung gegen übliche Vorstellungen schreibt) zu vergegenwärtigen. Auch im Denken der Vorsokratiker sucht er nach Spuren authentischen Seinsdenkens, so bei Parmenides und Heraklit (Vorlesungen 1942–1944). Das Denken (bzw. Andenken) des «Seyns» führt den späten Heidegger zu einer umfassenden Kritik der Technik als einer instrumentalistischen Weltverdinglichungspraxis. Auf diesem Irrweg vergisst der Mensch völlig seine Endlichkeit, das Wunder aller Wunder, dass Seiendes ist, das Sein, das ihn allererst ermöglicht. Gegen diesen Irrweg versucht Heidegger, die menschliche Lebenssituation mit neuen Konzepten und Bildern neu zu denken: als ein «Wohnen» in einem vorgängig-übergreifenden Sinnzusammenhang, den er als «Geviert» bezeichnet. Das Geviert hat die vier Sinndimensionen der Erde, des Himmels, der Sterblichen (der Menschen) und der Göttlichen (weiterer unverfügbarer Sinnstiftungen). Dem Menschen ist es gegeben und geschenkt, in dem Ereignis dieser eine Einheit bildenden «Vierung» zu leben. Alle Technik und

Praxis muss, um selbst sinnvoll zu sein, an diese Sinnstiftung in der Endlichkeit zurückgebunden werden. Alle Dinge erscheinen erst in der Vierung (*Das Ding*, 1954; *Die Frage nach der Technik*, 1954). Erst, wenn wir uns zutiefst in unserer Endlichkeit, Sterblichkeit, Bedürftigkeit und aus dem uns Unverfügbaren begreifen – hier ist die Kontinuität zur existenzialen Todesanalyse von *Sein und Zeit* ganz deutlich –, erst dann können wir sein lassen, was wir eigentlich nicht können (die universale Weltbeherrschung), unser Eingelassensein in die natürlichen Lebensgrundlagen pflegend kultivieren und wirklich inmitten des Sinnereignisses zu «wohnen» beginnen, so auch zu bauen (*Bauen, Wohnen, Denken*, 1954; *Gelassenheit*, 1959). Aus Hölderlins Dichtung entnimmt Heidegger für ihn wichtige Anregungen für die Bedeutung der den Sinn zeigenden lyrischen Sprache.

Es gilt nach Heidegger, im «denkenden Dichten» eine neue «Frömmigkeit des Denkens» zu erreichen, die für das «Geheimnis» des Seins offen ist (*Hölderlins Erde und Himmel*, 1950; *Was heißt Denken*, 1954). Auch die Spätphilosophie Heideggers, sein «Denken» des Seins nach der «Kehre», fand und findet sehr intensive, weltweite Rezeption. Insbesondere Hans Jonas setzt ihre Grundgedanken auf verständliche Weise um und fort (s. u.). Sowohl in der kritischen Technikphilosophie wie auch im ökologischen Denken wird Heidegger bis zur Gegenwart als höchst anregender Vordenker gesehen. Sein Versuch, einen fundamentalontologisch «anderen Anfang» des Seinsverständnisses zu entwerfen als den für die europäische Tradition seit der Antike grundlegenden der «Anwesenheit», führt zu Ansätzen, solche anderen Anfänge auch in anderen Kulturen und Religionen – vor allem Asiens – zu suchen. Die Texte des späten Heidegger wirken auf viele so, als habe er über fünfzig Jahre vor der sich dann verbreitenden Erkenntnis der Umweltzerstörung, des Klimawandels und auch der Bedeutung der Computertechnologie diese Entwicklungen auf seine Weise souverän vorausgesehen.

5. Existenzphilosophie und Existentialismus

Eine sehr wichtige Richtung der Philosophie des 20. Jahrhunderts repräsentieren die Existenzphilosophie und der Existentialismus. Den philosophischen Hintergrund dieser Strömung bilden Kierkegaard, Heidegger, Jaspers, Sartre und Camus.

Karl Jaspers (1883–1969) war erst Mediziner und Psychologe und legte eine *Allgemeine Psychopathologie* (1913) vor, danach eine *Psychologie der Weltanschauungen* (1919). In seinem Hauptwerk *Philosophie* (1932) mit den drei Bänden *Weltorientierung*, *Existenzerhellung* und *Metaphysik* entfaltet er eine existenzphilosophische Interpretation der metaphysischen Themen Welt, Seele und Gott. Zentral sind die *Grenzsituationen*, wie Leiden, Kampf, Schuld und Tod, in denen wir uns selbst in unserer Freiheit und Unbedingtheit erfahren, die über Nichtwissen, Schaudern und Angst zu Liebe, Glaube und Phantasie führen können. Das existentielle Transzendenzverständnis Jaspers' richtet sich dem Anspruch nach gegen die übliche Religion und Theologie und versucht, absolute Transzendenz als das unfassbare Eine, das Umgreifende zu denken. Es ist letztlich nur indirekt, an Chiffren zu vergegenwärtigen, wie Jaspers in seinen Vorlesungen *Chiffren der Transzendenz* von 1961 ausführt. Wie bei Kierkegaard, so werden auch bei Jaspers negative Grunderfahrungen angesichts der Widersprüchlichkeit, Fragwürdigkeit und Zerrissenheit der Existenz konstitutiv; es geht darum, *im Scheitern das Sein zu erfahren*. In späteren Texten wendet sich Jaspers politischen Grundfragen zu, z. B. Deutschlands Schuld und Zukunft sowie dem Problem der atomaren Aufrüstung.

Es ist wichtig für das Verständnis von Jaspers' Denken, seine Anfänge in der Medizin und Psychopathologie einzubeziehen, so auch seine medizinische Dissertation über *Heimweh und Verbrechen* (1909) und seine eigene chronische Lungen- und Herzkrankheit. Die Gefährdetheit und Verletzlichkeit jedes

Menschen war ihm stets präsent. Verheiratet mit einer Jüdin, verlor er seine Heidelberger Professur 1933 sofort. Er blieb mit seiner Frau in Deutschland, ständig bedroht von der Deportation. Sie hatten deswegen geeignete Medikamente bei sich, um sich rechtzeitig töten zu können. Nur der Einmarsch der Amerikaner rettete sie 1945. Nach dem Krieg wurde Jaspers 1948 nach Basel berufen, wo er seitdem wirkte. Insbesondere seine grundlegenden politischen Orientierungsschriften, so *Die Schuldfrage* (1946), *Vom Ursprung und Ziel der Geschichte* (1949), *Die Atombombe und die Zukunft des Menschen* (1958) und *Wohin treibt die Bundesrepublik?* (1966) übten große Wirkung aus. Diese wurde befördert durch das dramatische Schicksal und die persönliche Glaubwürdigkeit ihres Verfassers. Das kritische politische Bewusstsein von Jaspers und sein Engagement werden geprägt von seiner überaus scharfen Analyse der menschlichen Lebenssituation angesichts ihrer Grenzen und ihrer Bedrohtheit. Ebenso akzentuiert er stark, dass vernünftige Entwicklungen in Richtung einer demokratischen Kultur und Zivilisation letztlich auf einzelne Individuen angewiesen sind und bleiben, die auch unter Lebensgefahr zu authentischem, moralisch motiviertem Einsatz bereit sind. In seinem Hauptwerk, der *Philosophie* von 1932, stellt er daher die menschlichen *Grenzsituationen* (so sein Grundbegriff) der Schuld, des Kampfes, des Leidens und des Todes ins Zentrum seiner Analyse, die er *Existenzerhellung* nennt, weil sie eine Denkweise ist, die die grundsätzlichen Möglichkeiten der menschlichen Existenz aufklären soll. Sie hat den methodischen Status einer transzendentalen Reflexion auf das Verhältnis von allgemeinen Begriffen für menschliche Lebenserfahrungen zu den konkreten Formen der Erfüllung der individuellen Existenz. Diese individuelle Existenz ist weder als Objekt noch als Teil der Welt irgend zu vergegenständlichen, sondern kann nur im Nichtwissen als entzogen und unverfügbar bewusst werden. Philosophische Existenzerhellung führt an die Grenze dieser Bewusstwerdung; ihre Aporetik eröffnet die Dimension «existierenden Denkens», das selbst bereits konkreter Lebensvollzug ist. Auf diese Weise zeigen sich in den Grenzsituationen authentische Dimensionen der menschlichen Existenz: angesichts des Todes Mut und Gelassenheit, in der Schuld die Verantwortung, im Kampf die Liebe und im Leid das Glück.

Die existenzielle Grenzreflexion führt so nach Jaspers auch zurück zur Metaphysik und Vernunft. Die Grenzen der Vernunft weisen auf ein Absolutes, das im Blick auf die Natur, Freiheit und Geschichte im Medium von «*Chiffren der Transzendenz*» – immer unzulänglich – in Kulturen und Religionen vergegenwärtigt wird. Die Chiffren der Transzendenz zielen auf das *Umgreifende.* Jaspers erläutert seinen metaphysischen Grundbegriff des Umgreifenden, indem er sieben Weisen dieses den Horizont des Menschen transzendierenden und sinnstiftenden Grundes, des ursprünglichen Seins unterscheidet und exemplarisch analysiert: Es sind dies das Dasein, das Bewusstsein überhaupt, der Geist, die Existenz, die Welt, Transzendenz und Vernunft. Auf seine Weise entwickelt Jaspers so eine vernunft- wie religionsphilosophische Dimension seiner Existenzanalyse, die insbesondere auch religionskritisch ausgerichtet ist (*Der philosophische Glaube angesichts der Offenbarung*, 1962). Die sich ihrer existenziellen Grenzen und des Umgreifenden bewusst werdende Vernunft kann so zur Wahrheit und zu wahrer Menschlichkeit gelangen.

Jean-Paul Sartre (1905–1980) wurde nach dem Zweiten Weltkrieg gemeinsam mit seiner Lebensgefährtin Simone de Beauvoir (1908–1986) zur dominierenden Identifikationsgestalt des französischen Existentialismus. Angesichts der katastrophalen materiellen und auch ideellen Zerstörungen schien lediglich die auf sich zurückgeworfene einzelne Existenz übrigzubleiben. Sartre vergegenwärtigt diese Situation in erfolgreichen Romanen, wie *La nausée* (1938; *Der Ekel*, 1949) und Theaterstücken (*Les mouches*, 1943; *Die Fliegen*, 1944) und analysiert sie umfassend in seinem Hauptwerk *L'Être et le Néant* (1943; *Das Sein und das Nichts*, 1952). Ausgehend von Husserl – er studierte 1933 in Berlin – und beeinflusst von Hegel und Heidegger, unterscheidet er das *Für-sich-sein* des Menschen in Bewusstsein und Freiheit, dem das bewusstlose *An-sich-sein* der Objektivität gegenübersteht. Das Für-sich-sein ist durch das *Nichts* konstituiert. Existenzdialektisch formuliert: Wir sind, was wir nicht sind, und wir sind nicht, was wir sind. Faktizität und Transzendenz bestimmen einander. Entsprechend radikal ist Sartres Freiheitsverständnis: Wir sind zur Freiheit verurteilt. Die menschliche Existenz ist *kontingent und absurd*. Das bleibt auch so im Für-Andere-sein. Sartre analysiert den «Blick» des Anderen als grundsätzlich objektivierend und beschreibt Liebe, Begierde, Hass und Gleichgültigkeit im Kontext von Entfremdung und Scheitern. Auch die europaweit sehr erfolgreiche Schrift *L'existentialisme est un humanisme* (1945; *Ist der Existentialismus ein Humanismus?*, 1946) ändert nichts an diesem basalen Nihilismus. Es folgt eine marxistische Phase, deren Hauptwerk *Die Kritik der dialektischen Vernunft* ist. Sartre interpretiert die marxistischen Grundbegriffe (z. B. Praxis, Arbeit, Entfremdung) existenzialistisch. Aber auch bei den nun analysierten Formen der Vergemeinschaftung und Gruppenbildung bleibt die existentielle Entfremdung des Einzelnen unüberwindlich. Gleichwohl engagiert sich Sartre politisch sehr aktiv. 1964 wird ihm der Nobelpreis für Literatur zugesprochen, den er aber ablehnt. In seinem Spätwerk *Der Idiot der Familie* legt er eine umfassende Untersuchung von Leben und Werk des französischen Schriftstellers Flaubert vor. Im Nachlass finden sich Ansätze einer Ethik, in denen der Grundgedanke der unausweichlichen Aporetik der menschlichen Existenz erhalten bleibt. Sartre ist einer der einflussreichsten Intellektuellen der 1950er und 1960er Jahre. An seinem Begräbnis 1980 nehmen mehr als 50 000 Menschen teil.

Betrachtet man das Werk näher, so wird deutlich, wie wichtig für Sartres Denken die frühe Begegnung mit der Phänomenologie Husserls war und blieb. Seine frühe Untersuchung *La transcendence de l'ego* (1936/37; *Die Transzendenz des Ego*, 1964), die er teilweise in Berlin verfasste, zeigt dies bereits sehr klar: In radikalisierender Weiterführung von Husserls Analyse der Intentionalität des Bewusstseins kritisiert er jegliche objektivierenden Vorstellungen eines Ich. Während alle Bewusstseinsakte wie auch unser jeweiliges Selbstbewusstsein bereits uneingeschränkt zur Welt gehören, konzipiert Sartre ein «präreflexives

Cogito», das vorbewusst alle intentionalen Akte bereits durchdringt und allem objektivierenden Bewusstsein als ein unverfügbares «Nichts» vorausliegt. Dieses «Nichts» ist es, das als Spontaneität und Freiheit unpersönlich und vorpersönlich Bewusstsein, Denken, Reflexion, Ego und Cogito in einem «transzendentalen Feld» eröffnet und ermöglicht. Sartre kritisiert auf diese Weise grundsätzlich den Subjektivismus, den Solipsismus und Vorstellungen von einer «privaten» Innenwelt. Entsprechend vergegenwärtigt er in seinen Romanen und Theaterstücken aus dieser Zeit die menschliche Existenz in ihrer Kontingenz und Grundlosigkeit.

Das Hauptwerk *L'Être et le Néant* vertieft diesen Ansatz. Ansich-sein und Für-sich-sein des Menschen werden fundamental unterschieden und dialektisch aufeinander bezogen. Sartre nimmt auf seine Weise die Phänomenologie Husserls und die Existentialanalyse Heideggers auf und verbindet sie mit der Dialektik Hegels. (Ironisch sprach man von dieser Rezeption der deutschen Tradition in Frankreich daher als von den «drei H».) Die Dialektik von Nichtigkeit, Faktizität und Transzendenz, von Grundlosigkeit, jeweiliger Wirklichkeit und der unhintergehbaren Notwendigkeit, sich stets aufs Neue überschreiten zu müssen, bildet die konstitutive Struktur jeder menschlichen Lebenssituation, des «Zur-Freiheit-verurteilt-seins». Es ist Sartres Ziel, in Form einer negativen Dialektik bei aller emphatischen Akzentuierung der menschlichen Freiheit und Autonomie dennoch die Absurdität der menschlichen Existenz (in der Kontinuität mit Kierkegaards und Heideggers Analysen der «Geworfenheit» in Tod, Angst und Schuld) ohne Ausflucht in Milderung und Illusionen festzuhalten und bewusst zu machen. Daher ist auch die Intersubjektivität in *Das Sein und das Nichts* dann nicht der Ort der Überwindung dieser Absurdität. Vielmehr begegnen sich zwischenmenschlich nun gleichsam zwei «nichtende» Freiheiten: Durch seine leibliche, objektivierbare Präsenz eröffnet mir der Andere jeweils die Möglichkeit, ihn zu vergegenständlichen, ihn mit meinem «Blick» zu fixieren und zu verdinglichen. Und dies gilt ebenso für ihn mit Bezug auf mich. Die vergegenständlichende Intentionalität des Für-Sich-Seins versucht, die Ferne und Entzogenheit des Anderen, seine Freiheit zu vereinnahmen. Sartre analysiert so die kommunikativen Lebensformen der Sprache und Liebe, des Begehrens und der Gleichgültigkeit, des Hasses, des Sadismus und des Masochismus und verbindet seine existenzdialektische Freiheitstheorie schließlich mit der Psychoanalyse Freuds: Trotz seiner Bedingtheit durch das in ihm waltende Vor- und Unbewusste versucht der Mensch, seine Freiheit auch in moralischer Verantwortung zu leben.

Jedoch gelingt Sartre die versöhnende Vermittlung von Absurdität, Kontingenz und Moralität auch in seiner höchst wirkungsvollen Schrift *L'existentialisme est un humanisme* von 1946 nicht. Vielmehr wird die Abgründigkeit der menschlichen Verantwortlichkeit hier noch einmal radikalisiert: Es gibt weder einen Gott noch sonst einen religiösen Halt; auch moralische Werte und Normen helfen nicht in der konkreten Entscheidungssituation; daher rühren authentische Angst, ja Verzweiflung. (Es ist wieder die Analyse Kierkegaards ohne die religiöse Rettung, den «Sprung» in den Glauben.) Mir wird durch meine Freiheit auch bewusst, dass die Anderen, meine Mitmenschen, mit dieser meiner Freiheit konfrontiert und von dieser abhängig sind. Dies mindert meine Angst keineswegs. Trotz ernsthaften Engagements bleiben Absurdität und Kontingenz, Scheitern und Entfremdung bestehen. (Hier ist auch eine Nähe zu Jaspers festzustellen.) Der Mensch hat kein «Wesen» (*essentia*), sondern muss seine Existenz (*existentia*) je und je ungesichert entwerfen.

Erst mit Sartres Wende zum Marxismus scheint sein existenzialistischer Nihilismus revidiert zu werden. Ins Zentrum seiner Reflexion tritt der Begriff der Praxis, die Freiheit wird als revolutionäres politisches Engagement konkretisiert. Von Beginn an kritisiert Sartre Fehlentwicklungen des Marxismus, des Sozialismus und des Kommunismus in Formen des Dogmatismus und Etatismus. Ihnen gegenüber entfaltet er eine komplexe Rekonstruktion der Hegel-Marxschen Dialektik im Hauptwerk dieser Zeit, der *Critique de la raison dialectique*, (1960; *Kritik der dialektischen Vernunft*, 1967). Auch, wenn Sartres eigenes politisches Engagement viele Fragen aufwirft, so die nach seinem Verhältnis zu Maoismus und Terrorismus, kann das Werk doch unabhängig von dieser Problematik als systematisch anspruchsvolle und weiterführende Reflexion der dialektischen Methode gelten. Er entwickelt eine progressiv-regressive Methode, die insbesondere geeignet sein soll, das Individuelle, Einzelne, unverstellt in die Dialektik mit dem Besonderen und dem Allgemeinen einzubeziehen. Die systematische Verbindung von Existentialismus und Marxismus gelingt dann, wenn zum einen die Thematisierung der Totalität der gesellschaftlichen Praxis sich stets auch der Spezifik der existenziellen Individualität vergewissert, und wenn zum anderen die universale Relevanz des Individuellen in abstrakten Formen der Allgemeinheit bewusst bleibt. Sartres Ansatz ist hier ein streng sinnkriterialer, gegen Reduktionismen gerichteter. Es geht ihm darum, «progressiv» die allgemeinen Bedingungen der gesellschaftlichen Praxis zu erfassen, diese aber stets «regressiv» auf ihre einzigartige Individuation in den besonderen geschichtlichen Situationen der existentiellen Lebenspraxis zu beziehen und so zu verstehen. Die unverfügbare interne Komplexität der Tiefe der Individuen ginge sonst verloren. (Inwiefern die kritische Dialektik Sartres sich systematisch mit Adornos *Negativer Dialektik* (s. u.) trifft, wäre spannend zu untersuchen.) Sartre unterscheidet dann Formen entfremdeter und autonomer sozialer Praxis, wobei in seiner Analyse den spontanen Momenten revolutionären Engagements und freier Assoziation besondere Bedeutung zukommt. Sartre entwickelt im Unterschied zu Hegel und Marx auch keine Modelle rechtsstaatlicher, politischer und ökonomischer Organisation.

Sartres Spätwerk vertieft – womöglich als Konsequenz des Scheiterns revolutionären politischen Engagements – wiederum und noch einmal anders die Analyse der Tiefendimension individueller Existenz. Dies geschieht paradigmatisch in seinem voluminösen dreibändigen Werk über Gustave Flaubert, *L'idiot de la famille* (1971–1972; *Der Idiot der Familie*, 1977–1979). Auch hier entfaltet er seine kritisch-dialektische, progressiv-regressive Methode im Rahmen des Verstehens von Kunst und

Individualität weiter. In subtilen Einzelanalysen insbesondere zur Sprache Flauberts und zu den gesellschaftlichen Bedingungen seines Schaffens versucht Sartre zu klären, wie der einzigartige individuelle Stil des Autors der Frühmoderne sich in seinem gesellschaftlichen, sozialen und politischen Kontext herausbilden konnte. Somit bleibt der Ansatz eines Existenzialismus der Freiheit auch in den späten Untersuchungen Sartres zu Ästhetik und Hermeneutik weiter gewahrt.

Simone de Beauvoir verfolgt die Grundsätze der Verbindung von Existentialismus, Freiheit und Sozialismus (gerechter Gesellschaftsordnung) gemeinsam mit Sartre lebenslang. Sie setzt spezifische Akzente, weil sie in ihren wichtigsten Werken realistische und konkrete Umsetzungen dieses Programms durchdenkt: Zum einen in ihrem für die Frauenbewegung fundamentalen Buch *Le deuxième Sexe* (1949; *Das andere Geschlecht*) (ein Kernsatz: «Man kommt nicht als Frau zur Welt, man wird es.»), zum anderen in der grundlegenden Studie über das Altern in der modernen kapitalistischen Gesellschaft *La Vieillesse* (1970; *Das Alter*).

Die außergewöhnliche Wirksamkeit und Dominanz des Intellektuellen Sartre seit dem Kriegsende steht im starken Kontrast zu seinem Bedeutungsverlust in Frankreich wie in der Bundesrepublik nach seinem Tod 1980. Endlich konnten andere Theorien, so der Neostrukturalismus und die Dekonstruktion, Foucault und Derrida, an Einfluss gewinnen. In Deutschland dominierte nach dem Existenzialismus die Kritische Theorie der Frankfurter Schule, in akademischen Kreisen zudem die Hermeneutik Gadamers. Im Blick auf Sartre trat oft ein oberflächliches und verkürztes Bild an die Stelle einer gründlichen Auseinandersetzung mit seiner tatsächlichen, komplexen systematischen Leistung. Demgegenüber ist hervorzuheben, dass gerade seine intensive Arbeit an einer kritischen Dialektik und an einer existentialanalytischen Hermeneutik der Individualität, ebenso seine kritische Rezeption des Marxismus keineswegs veraltet und überholt sind. Sie verdienen es, im Rahmen einer kritischen Hermeneutik aufgearbeitet zu werden.

Einen extrem nihilistischen Existentialismus repräsentiert der

Rumäne Emile Michel Cioran (1911–1995), der mit Beckett und Ionescu befreundet war, in Werken wie *Auf den Gipfeln der Verzweiflung* (1949) und *Vom Nachteil geboren zu sein* (1973), in denen er die Sinnlosigkeit und Nichtigkeit des menschlichen Lebens aufzeigt.

Auch Albert Camus (1913–1960) vertritt einen Existentialismus des Absurden in Frankreich äußerst wirksam: literarisch in seinen Romanen *L'étranger* (1942; *Der Fremde*, 1948) und *La Peste* (1947; *Die Pest*, 1948) sowie in Theaterstücken und philosophisch in seinem berühmten Essay *Le Mythe de Sisyphe* (1941; *Der Mythos von Sisyphos*, 1950). In seinem Essay mit dem Titel *L'Homme révolté* (1951; *Der Mensch in der Revolte*, 1953) wendet er sich ideologiekritisch rigoros gegen alle totalitären politischen Ansprüche, was zum Bruch mit Sartre führt. Prägend für Camus war seine Herkunft aus Algerien. Er erhielt 1957 den Nobelpreis und starb 1960 bei einem Autounfall.

Die existentielle Erfahrung des Absurden zeigt sich nach Camus im menschlichen Verlangen nach Sinn, einem Verlangen, das immer wieder enttäuscht wird. Religiöse Verheißungen, höhere Werte, Vernunftorientierungen, gesicherte Verhältnisse – all diese vermeintlichen Sinngaranten erweisen sich über kurz oder lang als angstgeleitete Projektionen und Illusionen. In Wirklichkeit steht uns die Welt fremd und gleichgültig gegenüber. Daher rückt in Camus' Darstellungen der Selbstmord ins Zentrum. Ist er nicht eine, vielleicht sogar die Lösung für das Problem des Absurden? Aber Camus verurteilt die Flucht in den physischen Suizid, sie wagt es nicht, sich dem Absurden zu stellen. In der negativ-kritischen Kontinuität mit dem Begründer des Existenzdenkens, Kierkegaard, verurteilt er auch Strategien wie dessen «Sprung» in den Glauben an Gott. Solche Sprünge in Religion oder übergreifende Denksysteme bezeichnet er als geistige Selbsttötungen. Für Camus ist einzig die Haltung existentiell glaubwürdig, die er mit der mythischen Gestalt des Sisyphos eindrucksvoll und höchst wirksam vergegenwärtigt. Wenn er in seinem Essay *Le Mythe de Sisyphe* 1941 die Existenzproblematik dramatisch auf die einzige Kernfrage zugespitzt hat, die angesichts des Absurden noch bleibt: Soll ich mich umbringen oder nicht? – dann ist die Haltung des seinen Stein schleppenden Sisyphos nach Camus wahrhaftig, authentisch und glaubwürdig: Er ist glücklich angesichts und inmitten des Absurden. (Traditionell wäre an die Ethik der antiken Stoa zu erinnern.)

In seinen Analysen zum Menschen in der Revolte (*L'Homme révolté*, 1951) thematisiert Camus den Kampf der Menschen gegen Unterdrückung und unmenschliche Lebensverhältnisse in Gesellschaft und Geschichte. In überraschender Wendung – in der der Bruch mit Sartre und marxistischen Theorien deutlich wird – weist Camus darauf hin, dass und wie sich in revolutionären Bewegungen ihre Ansprüche ideologisch verhärten und in Diktatur und Terror umschlagen können. Die zu Beginn der Bewegungen durchaus glaubwürdigen normativen Ansprüche verleiten zu einer Verabsolutierung und zum Verlust von Selbstkritik. Der Umschlag, die Perversion ursprünglich humaner Ziele in extreme Formen von Tyrannei und Völkermord wird im 20. Jahrhundert drastisch am Stalinismus, am Maoismus und an der Herrschaft Pol Pots Wirklichkeit und bestätigt die kritische Analyse Camus'. Letztlich führen sowohl Camus' radikale Reflexion des Absurden wie auch die Rekonstruktion der Ambivalenz der politischen Revolte ihn zurück zur Kultur seiner Herkunft. Er plädiert für ein «mittelmeerisches Denken» des Maßes, das um seine Grenzen weiß und das er literarisch intensiv vergegenwärtig: in Bildern des mittäglichen sonnenbeschienenen Sandes am Meer, der Stille und des Glücks der hier möglichen Ruhe und Zufriedenheit inmitten des endlichen Lebens.

6. Vom Verstehen – die Hermeneutik

Hermeneutik ist die Lehre vom Verstehen.

Der Ansatz von Wilhelm Dilthey (s. o.) ist von Nietzsche und der Lebensphilosophie beeinflusst. In der *Einleitung in die Geisteswissenschaften* (1883) wird erläutert, wie diese das Verstehen von menschlichen Lebensäußerungen methodisch thematisieren. Diltheys lebensphilosophische Begründung der Hermeneutik wird von Heidegger und Gadamer fortgeführt. Heideggers Schüler Hans-Georg Gadamer (1900–2002) ist der bedeutendste Vertreter der Hermeneutik im 20. Jahrhundert. In seinem Hauptwerk *Wahrheit und Methode. Grundzüge einer philosophischen Hermeneutik* (1960) verbindet er seine Forschungen zur antiken Philosophie, insbesondere zum sokratischen Dialog und zur platonischen Dialektik, mit Husserls Phänomenologie und Heideggers existenzialer Hermeneutik von *Sein und Zeit*. Hermeneutik, die Kunstlehre des Verstehens, hat – wie bei Sokrates und Platon – eine dialogische Struktur: die von Frage und Antwort. In diesem Verhältnis stehen wir auch zu unserer Überlieferung, die fragend immer neu angeeignet werden kann und muss. Einen Text kann ich verstehen, wenn ich weiß, auf welche Frage er antwortet. Entscheidend für Gadamers Ansatz sind die Begriffe *Vorverständnis*, *hermeneutischer Zirkel* und *Horizontverschmelzung*. Wir bringen bei jedem Verstehensversuch ein Vorverständnis des Textes, der Sache mit, ob wir dies wollen oder nicht. Daher ist die *Zirkularität* des Verstehens, bei dem wir eben auf diese Vorurteile zurückkommen, nie ganz überwindbar und auflösbar, und somit kann Verstehen auch nie zu einem endgültigen Ergebnis gelangen. Gadamer wählt als große Beispielbereiche für die Methoden des Verstehens das Recht, die Religion und v. a. den Bereich der Kunst.

Er akzentuiert mit Hegel den Erkenntnisanspruch des Kunstverstehens und der ästhetischen Erfahrung als einer Wahrheitsdimension. Wie Heidegger vertritt er die Universalität der hermeneutischen Erfahrung, denn Verstehen ist – mit *Sein und Zeit* – keine Sonderpraxis, sondern die Seinsweise der menschlichen Existenz selbst. Verstehen vollzieht sich geschichtlich-konkret unter Bedingungen eines «Horizonts» (der Begriff Husserls), der die Verstehenden und das Verstandene verbindet; und diese Verbindung wird durch die «Wirkungsgeschichte» ermöglicht, durch das Weiterwirken der Texte in der Zeit. Schließlich «verschmelzen» die Horizonte der Vergangenheit des zu Verstehenden und der Gegenwart des Verstehenden. Letztlich kann dies geschehen, weil Gadamer mit Heidegger die Sprache als übergreifende Vermittlungsinstanz auszeichnet. Die Hermeneutik lässt Fragen nach kritischer Reflexion auf vergangene Texte und nach ihren Wahrheits- und Geltungsansprüchen offen, so dass sich in den 1970er Jahren eine Auseinandersetzung über den Universalanspruch der Hermeneutik u. a. mit Habermas und Apel entspann.

Genauer lässt sich hinsichtlich der systematischen Ansprüche der genuin philosophischen Hermeneutik Gadamers akzentuieren, dass es ihr zunächst um die Rekonstruktion des spezifisch normativen Sinns klassischer kanonischer Texte insbesondere der Religionen, der Theologien, des Rechts und der Literatur geht. Wie kommt dieser außergewöhnlich weitreichende, Gesellschaften und Kulturen in ihrem Selbstverständnis geradezu begründende und formulierende Geltungssinn zustande, wie ist er selbst zu verstehen? Da diese Frage ersichtlich auch die philosophischen Klassiker von Platon und Aristoteles bis zu Kant und Hegel selbst betrifft, ergibt sich bei näherem Hinsehen bereits das methodische Grundphänomen und –problem der hermeneutischen Zirkularität, der unhintergehbaren Selbstbezüglichkeit der sinnkriterialen Reflexion, einer Selbstbezüglichkeit, die auch für die Transzendentalphilosophie und die kritische Sprachphilosophie prägend ist. Gadamers historisch-kritische Analysen greifen in diesem Kontext auf die sokratisch-platonischen Dialoge und die für diese zentrale *Dialektik* von Frage und Antwort zurück, ferner auf die *Rhetorik* des Aristoteles, in der die Pragmatik konkreter Sprachsituationen rekonstruiert wird. Ebenso steht die von Gadamer methodisch explizierte Hermeneutik im Kontext und in der Tradition von Kants Analysen der Urteilskraft und der ästhetischen Erfahrung und in Bezug auf Hegels Dialektik, die von Grund auf die formale Logik überschreitet und überschreiten muss. Mit diesen Bezügen bewegt sich die Hermeneutik bewusst in kritischer Absetzung zu einzelnen, fachwissenschaftlichen Methoden. Diese sind, so Gadamer, ungeeignet, das Problem des Verstehens als eines – in der Kontinuität mit Heideggers Ansatz – *Existentials* des menschlichen In-der-Welt-seins zu begreifen und angemessen zu reflektieren.

Wissenschaftstheoretisch entfaltet sich die Hermeneutik von *Wahrheit und Methode* zunächst in der differenzierten Erfahrung der sprachlichen und pragmatischen Herausbildung des spezifischen Geltungssinns der religiösen, theologischen, rechtlichen und ästhetischen Texttraditionen. Ersichtlich steht das Ringen um den Status und die Begründung dieses Geltungssinns im Zentrum der Geistes- und Kulturgeschichte. Wie kam es zur Kanonisierung des «Neuen Testaments» der Bibel im frühen Christentum, wie zur Aufnahme der jüdischen Grundtexte als «Altes Testament»? Wie bildet sich – zunächst bei Augustinus – die christliche Theologie mit und durch diesen so heterogenen Textcorpus heraus? In der Reformation erfolgt durch Luther ein radikaler, innovativer Zugriff auf die «Heilige Schrift», gerichtet gegen die kirchlichen Herrschaftsansprüche. Das kontroverse Verstehen der Texte steht im Zentrum revolutionärer Umbrüche. (Wir erleben zur Zeit eine tendenziell ebenso weitreichende Kontroverse um das Verständnis des Korans in der islamischen Welt).

Im Blick auf das Recht sehen wir eine analoge Zentralstellung des Verstehens- und Auslegungsprozesses beim Bilden von Urteilen. Das bedeutet, dass die juristische Hermeneutik evident *rechtsschöpferische* Funktion besitzt, wie Gadamer hervorhebt: Wie verstehen wir die Gleichheit aller Staatsbürger, wie ihre untilgbare Menschenwürde, wie ihre Freiheit, und wie dürfen wir sie nicht verstehen? Diese Fragen reichen ersichtlich bis zu einzelnen konkreten Gerichtsverfahren; um sie wird aber zunehmend auch in den internationalen Menschenrechtskonferenzen gerungen. Gadamer akzentuiert, dass in seinem Ansatz die traditionelle hermeneutische Unterscheidung der *subtilitas intelligendi* und *explicandi* (Freiheit der Auslegung) von der *subtilitas applicandi* (der Freiheit der Anwendung) keine Trennung dieser Aspekte bedeutet: Vielmehr ist der vor- und außersprachliche Praxisbezug, die Anwendungsstruktur, stets explizit oder implizit leitend und sinnkonstitutiv für unsere Verstehensleistungen. Gadamers Heidegger-Rezeption sieht sich daher in Übereinstimmung mit der Analyse des systematisch irreduziblen Kontextes von Bedeutung und Gebrauch, von Sprachspiel und Lebensform beim späten Wittgenstein. Gegen jeden Positivismus und Szientismus des bloßen «Gegebenen» setzt die Hermeneutik transzendentalpragmatische methodische Prämissen. Erst so lassen sich ihre bereits traditionellen Grundbegriffe des Vorverständnisses, der leitenden Fragen beim Verstehen, des Horizonts des Verstehens und seiner Kontexte wiederum präzisieren. Und auf dieser Basis lässt sich, das ist Gadamers systematisches Fazit, auch der Anspruch der *Universalität* der hermeneutischen Dimension kritisch begründen.

Die Hermeneutik ist somit in Gadamers Ansatz nicht lediglich eine Methodenlehre der Geisteswissenschaften, sondern ihr Anspruch betrifft die Bedingungen der Möglichkeit unseres Selbst- und Weltverständnisses. Die Grundphänomene des Verstehens, die sie herausarbeitet, betreffen daher in je modifizierter Form alle unsere Praxisformen – bereits im Alltag, aber dann stets auch in den entwickelten kulturellen und institutionalisierten Kontexten. So geht es im Gericht darum, den *konkreten* Einzelfall in der *besonderen* Situation des Verfahrens mit den *allgemeinen* Begriffen und Prinzipien des im Text gesetzten Rechts in Einklang, Koordination, Übereinstimmung zu bringen, das heißt: zu einem schlüssigen, einsichtigen, tragfähigen Urteil zu gelangen, das dem normativen Anspruch genügt, allen Seiten gerecht zu werden. Wiederum wird an diesen variablen Formulierungen deutlich, dass die normative Dimension der qualifizierten Urteilsebene eine nur dialektisch-ausdifferenziert begreifbare Urteilskraft verlangt, deren Zentralstellung Kant bereits in seiner dritten Kritik, eben der *Kritik der Urteilskraft*, im Blick auf Empirie wie auf Verstand und Vernunft herausgearbeitet hatte, und die zu Hegels Dialektik führt. Evident wird diese normative Dimension für Kant paradigmatisch zunächst im Bereich der ästhetischen Erfahrung und ihrer Bewertung von Phänomenen der Natur oder der kulturellen Gestaltung und Formgebung als z. B. «schön», «gelungen» oder «hässlich». Auch hier geht es um die Beurteilung eines jeweils unableitbar Individuellen – einer Blume, eines Menschen, eines Gebäudes oder eines Gedichtes. In Gadamers Hermeneutik kommt der Kunst und der ästhetischen Lebens- und Verstehenspraxis dann auch eine ganz wesentliche Bedeutung zu. Aus diesem Grunde war sie für die Kultur- und Geisteswissenschaften nach ihrem Erscheinen 1960 alsbald eines der leitenden Grundlagenwerke, wenn nicht gar das theoretische Fundament. Dabei darf nicht übersehen werden, dass die in ihm behandelten philosophischen Grundfragen eben noch weit über eine Wissenschaftstheorie der Geisteswissenschaften hinaus reichen. Sie betreffen letztlich die normativen Sinnbedingungen unserer gesamten Lebenspraxis, die für diese Praxis konstitutiven Sprachformen (auch des Rechts und der Ethik) und die komplexen Kriterien ihres Verstehens. Das heißt, sie betreffen letztlich die Fundamente unseres konkreten Lebens- und Weltverständnisses bereits in aller Alltäglichkeit. Denn hier ist der primäre Ort der handlungsbezogenen Sprachverwendung und der ständig erforderlichen Beurteilung von Lebens- und Praxisformen.

Gadamer setzt sich ganz intensiv mit seinen prominenten Kritikern auseinander, so mit Habermas (und Apel), ebenso später mit Derrida. Beide konzentrieren sich auf seine methodologisch weitreichende Kernthese, auf den Universalitätsanspruch der Hermeneutik. Habermas sieht in diesem Anspruch einen latenten Relativismus am Werk. Demgegenüber geht seine Theorie der Diskursrationalität und der kommunikativen Kompetenz insbesondere von leitenden Wahrheitsansprüchen aus, die für jede gelingende Kommunikation bereits auch als einlösbar, begründbar und rechtfertigbar unterstellt werden müssen (s. u.). Im gänzlichen Gegensatz zu dieser steht Derridas Kritik, der zufolge Gadamer nicht relativistisch genug ist: Er verkenne bei seiner Konzeption der dialogischen Horizontbildung die noch fundamentalere Dimension gänzlicher Heterogenität des zu verstehenden Textes und der Ansätze, ihn zu verstehen. Diese Ebenen seien durch unüberwindliche Andersartigkeit, Alterität, geprägt. Die Entwürfe des Verstehens dieser Alterität verfehlen so stets schon das Ferne, Fremde und Entzogene des sprachlich Anderen (s. u.). Die sehr komplexen Auseinandersetzungen Gadamers mit diesen Kritikern lassen sich etwas plastisch im Bilde des Wettlaufs des Hasen mit dem Igel verdeutlichen und mit dem Leitwort: Ich bin schon da. Denn keine formale (Habermas) oder transzendentale (Apel) Diskursrationalität enthebt uns der Aufgabe, wiederum jeweils zu verstehen, was mit «Wahrheit», «Geltung», «Begründung» etc. gemeint ist. Der unaufhebbaren Kontinuität der hermeneutischen Situation lässt sich somit durch formale, statische Geltungsmodelle keineswegs entkommen. (Das zeigt bereits Kants Analyse der Urteilskraft, die zu Hegels Ansatz führt; es zeigt sich eindrücklich auch und gerade in der Wissenschaftsgeschichtstheorie der exakten Naturwissenschaften im Anschluss an Wittgenstein, so bei Th. S. Kuhn (s. u.).)

Und im Falle Derridas tritt an die Stelle der formal-statischen Rationalitäts- und Wahrheitskonzeption eine hypostasierte, eine extrem überakzentuierte Form von Alterität bzw. Differenz. Demgegenüber müssen wir ja das Ferne, Fremde und andere in seiner Entzogenheit selbst bereits verstehen, sonst könnten wir seine Alterität gar nicht erkennen. Kurz: Die bedeutenden Formen der Kritik am Universalitätsanspruch der Hermeneutik bestätigen diesen Anspruch wider Willen.

Auch Paul Ricoeur (1913–2005) ist ein wichtiger Philosoph in der Tradition der Hermeneutik, dessen Analysen sich als hervorragende Vertiefung und Ergänzung des von Gadamer entwickelten Ansatzes lesen lassen. Ricoeurs Werk unternimmt den Versuch, große systematische Theorien der Moderne, insbesondere die Psychoanalyse und den Strukturalismus, in hermeneutischer Perspektive zu rekonstruieren. Ebenso vertieft er ästhetische und subjekttheoretische Analysen. In seinem Hauptwerk, *De l'interprétation. Essai sur Freud* (1965; *Die Interpretation. Ein Versuch über Freud*, 1969), rekonstruiert er die Psychoanalyse mit Hilfe der hermeneutischen Potentiale der Dialektik Hegels: Die Psychoanalyse besteht einerseits in einer empirisch-biologisch-naturwissenschaftlichen Reduktion der psychischen Phänomene, andererseits in einer humanwissenschaftlichen, auf die genuinen Sinndimensionen dieser Phänomene in der menschlichen Lebenspraxis abzielenden Interpretation. Diese Dialektik steht im Zentrum des therapeutischen Diskurses, wenn er einerseits archaische, verdrängte und vergessene Erfahrungen anamnetisch bewusst zu machen versucht, andererseits ein innovatives Verständnis dieser Erfahrungen reflexiv erreichen will. Auch im Strukturalismus legt Ricoeur eine Dialektik von formaler Zeichentheorie (Semiologie) und diskursiver Semantik frei, in der letztere den Vorrang besitzt (*Le conflit des interprétations. Essais d' herméneutique*, 1969; *Der Konflikt der Interpretationen. Hermeneutik und Strukturalismus/Hermeneutik und Psychoanalyse*, 1973/74). In seinen Untersuchungen zur Metapher (*La métaphore vive*, 1975; *Die lebendige Metapher*, 1986) zeigt Ricoeur, welche bedeutende Funktion den bildlichen Ausdrucksweisen für die menschliche Selbstverständigung zukommt, indem die Metaphern schöpferische Potentiale diskursiv entfalten. Daher sind Metaphern auch für die Philosophie unverzichtbar (s. u. auch Hans Blumenberg).

Wichtige weitere Untersuchungen Ricoeurs behandeln die Themen *Zeit und Erzählung* (*Temps et récit*, 1983–1985; dt. 1988–1991) und *Das Selbst als Anderer* (*Soi-même comme un autre*, 1990; dt. 1996). Er zeigt, dass und wie sich «Zeit» allererst durch ihr Erzähltwerden in der Lebenspraxis als verstehbar konstituiert, also *narrativ*. In Interpretationen zu bedeutenden Romanen von Thomas Mann (*Der Zauberberg*) und Marcel Proust (*Auf der Suche nach der verlorenen Zeit*) weist Ricoeur die Modi der narrativen Sinnkonstitution subtil auf. In kritischen Analysen zu führenden philosophischen Zeittheorien wird deutlich, dass diese Theorien zwischen kosmologischen und psychologischen, objektiven und subjektiven Konzeptionen, zwischen Aristoteles und Kant einerseits, Augustinus und Husserl andererseits, schwanken. Auch Heidegger löse dieses Problem der beiden inkompatiblen Konzeptionen nicht. Im Modus der narrativen Identitätskonstitution entwirft Ricoeur eine Lösung. Das Werk über *Das Selbst als Anderer* vertieft und radikalisiert diese Analyse im Blick auf die Herausbildung der existentiellen Selbstverständnisse in der menschlichen Welt. Ricoeur stellt wiederum zwei systematisch sehr starke Ansätze gegenüber, die sich zu widersprechen scheinen: zum einen den teleologischen Ansatz des Aristoteles, der von der menschlichen Sinnbedürftigkeit ausgeht, zum anderen den deontologischen Ansatz von Kant und Rawls, der universal geltende Normen für die Praxis zugrundelegt. Die dialektische Vermittlung beider muss Ricoeur zufolge allerdings das aristotelische Modell als das letztlich stärkere auszeichnen. Denn um die Universalität der Normen tatsächlich zu verstehen und praktisch geltend zu machen, bedarf es der *phronesis*, der Klugheit, wie Aristoteles lehrt.

Auch in der Weiterentwicklung der Philosophie des 20. Jahrhunderts wird sich zeigen, dass die – sinnkritisch, nicht traditionalistisch oder relativistisch zu verstehenden – Ansätze der Hermeneutik Gadamers und Ricoeurs systematisch weitreichende Potentiale bieten, die sich mit sozial- und ideologiekritischen (Adorno) wie mit sprachkritischen (Wittgenstein) Konzeptionen produktiv verbinden können, wenn oberflächliche Schulstreitigkeiten überwunden sind.

7. Revolution, Praxis, Kultur – Marxismus, Neomarxismus und Kritische Theorie

Die weltpolitische Entwicklung des 20. Jahrhunderts führte zu einer Transformation der Analysen von Marx und des kritischen Marxismus in orthodoxe Formen eines Geschichtsdeterminismus, der in der Form des Marxismus-Leninismus zu einer Legitimationsideologie des Ostblocks wurde. Insbesondere durch Lenin (1870–1924) und Plechanow (1856–1918) wurde dieser Prozess geprägt, in der Kommunistischen Partei der Sowjetunion wurde der Marxismus-Leninismus zur verbindlichen Staatsdoktrin erklärt. Unter Stalin wurde der dogmatische Anspruch der Lehre noch verfestigt. Der Marxismus-Leninismus enthält drei Lehrstücke:

- den historischen und dialektischen Materialismus als wissenschaftliche Philosophie der (proletarischen) Weltaneignung;
- die politische Ökonomie als Theorie der objektiven Gesetzmäßigkeit der notwendigen Entwicklung unter Einschluss der Theorie des Zusammenbruchs des Kapitalismus;

– den wissenschaftlichen Kommunismus, der Strategie und Taktik der kommunistischen Bewegung bestimmt.

Im Westen bildet sich demgegenüber ein undogmatischer Marxismus heraus, der die kritischen Ansprüche von Marx fortführen will – des Marx, der auf einem Kongress der Ersten Internationale (Ende der 1870er Jahre) gesagt haben soll: «Ich bin kein Marxist» («*Je ne suis pas marxiste*»). Protagonisten sind Lukács, Bloch und Gramsci, später die jugoslawische Praxis-Gruppe).

Georg Lukács (1885–1971) legte nach neukantianisch-lebensphilosophischen und ästhetiktheoretischen Anfängen (*Die Seele und die Formen*, 1911; *Die Theorie des Romans*, 1916/20) und seiner Wende zu Marx ein erstes Hauptwerk des westlichen Marxismus vor: *Geschichte und Klassenbewusstsein* (1923). Er lehnt in diesem Werk sowohl die orthodoxe Widerspiegelungstheorie, als auch die von Engels behauptete «Naturdialektik» ab, argumentiert für eine genaue Differenzierung von natürlicher Vergegenständlichung (Arbeit) und geschichtlicher Entfremdung und Verdinglichung und favorisiert einen starken politischen Aktivismus als Basisbewegung. In der Folge interpretiert Lukács Hegel als grundlegend für Marx und die Herausbildung einer kritischen Dialektik und vertieft seine ästhetischen und hermeneutischen Untersuchungen (*Der junge Hegel*, 1948; *Goethe und seine Zeit*, 1947). In seinem Buch *Die Zerstörung der Vernunft* (1954) versucht er, die Herausbildung des Irrationalismus in Deutschland kritisch zu analysieren, die schließlich zur Katastrophe der Weltkriege und des Nationalsozialismus führte. Er will zeigen, wie durch Schopenhauer und Nietzsche Vernunftperspektiven zunehmend eliminiert wurden, bis durch lebensphilosophische, reaktionäre Kulturkritik elitäre, sozialdarwinistische und schließlich rassistische Ideologien die Oberhand gewinnen konnten. In seinem ästhetischen Hauptwerk *Die Eigenart des Ästhetischen* (1963) analysiert Lukács, wie die Künste aus der Alltagspraxis hervorgehen. Im grundlegenden Text *Zur Ontologie des gesellschaftlichen Seins* (1971) kritisiert er sowohl den bürokratischen Stalinismus wie den Kapitalismus, den Logischen Empirismus wie Heidegger als

Legitimationsideologien und versucht, mit Marx aus der zwecksetzenden menschlichen Arbeit ein sinnvolles Gesellschaftsmodell und ein reflektiertes Naturverhältnis zu entwickeln. Hervorzuheben ist, dass die Werke Lukács' in der Zeit des Kalten Krieges in Ost wie in West gleichermaßen rezipiert und diskutiert wurden.

Im Rückblick muss die interne Komplexität des Werkes von Lukács deutlich werden. Das Frühwerk ist stark vom Neukantianismus, von Georg Simmel, Max Weber und den Diskussionen mit Emil Lask geprägt. Die mittlere Phase versucht, eine Synthese von Hegel und Marx zu entwickeln, die Spätphase beruht auf der materialistischen Dialektik. Bei aller leicht zu kritisierenden tendenziellen Überzogenheit ist die Analyse der Ursprünge der *Zerstörung der Vernunft* im 20. Jahrhundert durchaus wichtig. Lukács will zeigen, wie die Vernunftperspektive der Aufklärung zunehmend durch andere Leitbegriffe ersetzt wird (Leben, Wille, Existenz), so dass der Weg von Schelling und Kierkegaard zu Schopenhauer, Dilthey und Nietzsche bei ideologischer Nutzung schließlich zum reaktionären Irrationalismus führen konnte. Auch Lukács' Ästhetik ist durch ihre dialektische Rekonstruktion der spezifischen Leistung der Kunst in ihrer Besonderheit als Vermittlung des Einzelnen mit dem Allgemeinen (*Über die Besonderheit als Kategorie der Ästhetik*, 1967) und durch ihre Interpretation des Goetheschen Symbolbegriffs und der Hegelschen Ästhetik der Diskussion wert. Der umfassende Arbeitsbegriff seiner *Ontologie des gesellschaftlichen Seins* könnte gerade im gegenwärtigen Zeitalter der ökonomischen und ökologischen Globalisierung aller Arbeitsprozesse neue Relevanz erlangen.

Ernst Bloch (1885–1977) entwirft in seinem Hauptwerk *Das Prinzip Hoffnung* (1954–1959) eine dialektisch-materialistische Anthropologie und Geschichtstheorie, die er bereits in seinem Frühwerk *Geist der Utopie* (1918) umrissen hatte. Die menschliche Praxis ist unüberbietbar auf Hoffnung und sinnvolle Zukunftsperspektiven angelegt; diese zukünftigen Sinnperspektiven konstituieren und prägen alle existentiellen, sozialen und kulturellen Leistungen. Bloch zeigt dies umfassend an den ästhetischen, ethischen, politischen und religiösen Bereichen der Praxis auf. In *Naturrecht und menschliche Würde* (1961) versucht er, den Marxismus durch rechtsphilosophische Analysen zu ergänzen. Im Spätwerk *Experimentum Mundi* (1975) führt er eine logisch-kategorientheoretische Begründung seiner materialen Untersuchungen aus. Seit 1949 in der DDR tätig, übersiedelt er 1961 in die Bundesrepublik Deutschland, wo er von Tübingen aus großen Einfluss (u. a. auf die Studentenbewegung) gewinnt.

Die große Wirkung Blochs lässt sich auch durch den umfassenden, integrativen Ansatz seines Werkes erklären. Seine Rekonstruktionen schließen die Metaphysik, die christliche Theologie (*Thomas Münzer als Theologe der Revolution*, 1921; *Atheismus im Christentum*, 1968), die Aufklärung, den Deutschen Idealismus (*Subjekt-Objekt. Erläuterungen zu Hegel*, 1951) wie den dialektischen Materialismus und Marxismus ein, eingeschlossen sind Dimensionen der Kunst und des Vor- und Unbewussten, Märchen und Traum, alle großen Heils- und Sinnerwartungen der Eschatologie (*Spuren*, 1930). Besonders wichtig für die breite Wirkung seiner Schriften ist auch ihr oft packender, eindringlicher, ja leidenschaftlicher Stil. Die frühen Schriften, so *Geist der Utopie*, sind von einem geradezu expressionistischen Pathos geprägt, der zum Predigthaften neigt – in Blochs Denken durchaus angemessen. Anschlussfähig sind seine Werke auch insofern, als sie für die alles leitende Hoffnungsdimension auch viele Potentiale in der Trivialkultur erkennt, so z. B. in den Werken Karl Mays. Auch simple Schlager und Lieder der Volksmusik artikulieren die Sehnsüchte und das Verlangen der Menschen nach einer besseren Zeit, in der ihre Träume sich erfüllen. Blochs intern vielschichtiger Ansatz bedarf daher weiterhin einer differenzierten Rezeption, die auch unabhängig von den orthodoxen Elementen des dialektischen Materialismus produktiv sein kann.

Antonio Gramsci (1891–1937) ist in Italien ein wichtiger Vertreter des westlichen Marxismus. Er bindet die philosophisch-emanzipatorische Reflexion und Theoriebildung ganz stark an die Bewegung der politischen Praxis (*Philosophie der Praxis*,

1967). Eine ähnliche Akzentsetzung verfolgt die jugoslawische Praxis-Gruppe mit Predrag Vranicki, Mihailo Markovič (*Dialektik der Praxis*, 1968) und Milan Kangrga.

Eine bedeutende Rolle bei der Entwicklung des kritischen Neomarxismus kommt Walter Benjamin (1892–1940) zu. Beeinflusst vom Neukantianismus Hermann Cohens und der jüdischen Mystik promovierte er 1919 über den *Begriff der Kunstkritik in der deutschen Romantik*. Er schrieb über *Goethes Wahlverwandtschaften* (1924/25), durch Bertolt Brecht wurde seine Wendung zum Marxismus befördert. Seine Schrift *Der Ursprung des deutschen Trauerspiels* (1925) wurde in Frankfurt zur Habilitation nicht angenommen. Er wurde 1933 Mitarbeiter am von Max Horkheimer geleiteten Institut für Sozialforschung, musste emigrieren und schrieb in Paris sein *Passagen-Werk*. Auf der Flucht vor den Nazis nahm er sich 1940 in Spanien das Leben.

In seinem Werk verdichten sich auf sehr ungewöhnliche Weise erkenntniskritische, sprachphilosophische, theologisch-mystische, ästhetische und dialektisch-materialistische Grundgedanken zu einem eigenen Ansatz. In seinen Untersuchungen *Über die Sprache überhaupt und die Sprache des Menschen* (1916), über *Die Lehre vom Ähnlichen* und *Über das mimetische Vermögen* (beide 1933) zeigt er, dass und wie im prädikativen Urteil die ursprüngliche Individualität der Wirklichkeit und aller Dinge vergessen wird und verloren geht. Die Erfahrungswelt der Kinder, unserer Träume und der Mythen und Märchen aber lebt noch von vorprädikativen Erschließungsereignissen, die es neu zu bedenken und zu retten gilt. (Adorno wird von diesen Analysen sehr beeinflusst.) In seinen Untersuchungen zum Trauerspiel und in seinem Text *Über den Begriff der Geschichte* (1940) führt Benjamin diesen Grundgedanken weiter: Inmitten des nur materialistisch begreifbaren Geschichtsverlaufs mit seinen tragischen Katastrophen, Leiden und Opfern scheint plötzlich ein Augenblick von Sinn und Erfüllung auf, eine augenblickliche revolutionäre Transformation der Leidensgeschichte – so «vermittelt» Benjamin auf geradezu paradoxe Weise marxistische Dialektik, Tragödientheorie und messianische Erlösungstheologie der Hoffnung. In seinem *Passagenwerk*, entstanden in der Erfahrung von Spaziergängen durch das moderne Paris nach seiner Flucht, vertieft Benjamin diese extrem negative Dialektik. In der Warenwelt des Kapitalismus mit ihren durchgängigen Verdinglichungsstrukturen blitzen plötzlich verdrängte, vergessene, unbewusste Sinnpotentiale auf, die in ihrem sofortigen Verschwinden auf Hoffnung und auf Erlösung aus der universalen Verdinglichung weisen. Sehr wirksam wurde auch Benjamins Aufsatz *Das Kunstwerk im Zeitalter seiner technischen Reproduzierbarkeit* (1936), in dem er zeigt, dass sich durch die modernen Techniken der Vervielfältigung Kunst und ihre Erfahrung grundsätzlich gewandelt haben, so durch Photographie und Film. Das Einzigartige, die *Aura* der traditionellen Werke – es gibt nur *eine* Mona Lisa, nur das *je einzigartige Werk* eines Vermeer – geht verloren, wird durch die Massenreproduktion und -rezeption ersetzt. Aber Benjamin sieht die Massenreproduktion keineswegs nur negativ. Die Aktualität dieser Analyse dürfte sich angesichts ihrer weiterführenden Anwendung auf Fernsehen und computergestützte neue Medien bewähren. Das Werk Benjamins ist sicher weiterhin systematisch und im Kontext einer kritischen Hermeneutik relevant, zumal es tiefgehende Analysen zu Zeiterfahrung und Sinnkonstitution bietet.

Eine besondere profilierte Schultradition im Rahmen des westlichen Marxismus und einer kritischen Gesellschaftstheorie bildet seit den 1920er Jahren die Frankfurter Schule mit Horkheimer, Adorno, Marcuse und Habermas. Max Horkheimer (1895–1973) arbeitete im Kontext des Neukantianismus und habilitierte bei seinem Lehrer Hans Cornelius 1925 über *Kants Kritik der Urteilskraft*. Früh wurde er von Schopenhauer und Marx beeinflusst. Als Professor für Sozialphilosophie wurde er Direktor des Instituts für Sozialforschung in Frankfurt am Main und Herausgeber der *Zeitschrift für Sozialforschung*.

Horkheimer und Theodor W. Adorno emigrierten 1934 bzw. 1938 – nachdem sie gemeinsam am Institut für Sozialforschung in Frankfurt gearbeitet hatten – in die USA. Dort setzten sie ihre Arbeiten fort und verfassten 1939 bis 1944 das für die klassische Kritische Theorie grundlegende Werk *Dialektik der Aufklärung* (1947). Es besteht aus fragmentarischen Entwürfen, die den Aufklärungsbegriff und den Vernunftbegriff selbst problematisieren: Da Vernunft auf Naturbeherrschung angewiesen ist und bleibt, sind alle Befreiungsversuche mit neuen, sich steigernden Abhängigkeiten verbunden. Die Totalitätsansprüche von Aufklärung und Vernunft schlagen daher im 20. Jahrhundert in totale Unfreiheit um. Ausgeführt wird diese These an den Paradigmen des Antisemitismus und der Kulturindustrie, die mit ihren stereotypen Unterhaltungsschemen die Arbeitswelt noch einmal verdoppelt, von der sie doch eigentlich entlasten soll. Aufklärung wird so «als Massenbetrug» gekennzeichnet. Letztlich mündet moderne Aufklärung wieder in mythische Rückschrittlichkeit ein, so in Nationalsozialismus und Stalinismus. Die Kernthese der *Dialektik der Aufklärung* behauptet eine frühe Nähe von Mythos und Aufklärung. Die Bemühungen der Menschen um rationale Weltbewältigung schlagen in ihr Gegenteil um, sie werden zu Ideologien. Die Strategien der Befreiung von Naturabhängigkeit: Technik, Wissenschaft, politische Organisationsformen – pervertieren zu Formen immer neuer Abhängigkeit, die nicht als solche durchschaut werden. Horkheimer und Adorno setzen seit 1950 die Arbeit am Frankfurter Institut für Sozialforschung fort. Horkheimers Spätwerk radikalisiert die Dialektik von Hoffnung und Resignation, spricht von der «Sehnsucht nach dem ganz Anderen» (so auch der Titel eines 1970 publizierten Interviews). Die total verwaltete Welt sei das Ergebnis moderner Entwicklung. Im Spätwerk Horkheimers zeigt sich so ein von Schopenhauer stammender metaphysischer Pessimismus, der durch die Katastrophenerfahrungen des 20. Jahrhunderts unter Einschluss der die Vernunft- und Freiheitsintentionen von Marx ins Gegenteil verkehrenden Entwicklungen des Marxismus verstärkt und konkretisiert wird, während Hoffnung als Sehnsucht nach dem ganz Anderen sich nur paradox und negativ-theologisch denken lässt. Diese Position ist der Benjamins nahe.

Theodor W. Adorno (1903–1969) studierte Philosophie und Musikwissenschaft, wurde Musikkritiker und promovierte

1924 bei Cornelius über *Die Transzendenz des Dinglichen und Noematischen in Husserls Phänomenologie*. Er ging dann nach Wien, um bei Alban Berg Komposition zu studieren, die durch die Zweite Wiener Schule in eine ganz neue Form gebracht worden war. Er setze dann seine philosophische Arbeit ebenso wie die Musikkritik in Frankfurt fort, wo er Horkheimer kennen lernte und im Institut für Sozialforschung mitarbeitete. Er habilitierte bei Paul Tillich über *Kierkegaard. Konstruktion des Ästhetischen*. Nach 1933 wurde ihm die Lehrerlaubnis entzogen. Er emigrierte und musste in Oxford nochmals promovieren, da seine deutschen akademischen Titel dort nicht anerkannt wurden. Die englische Dissertation erschien 1956 auf deutsch (*Zur Metakritik der Erkenntnistheorie*). Während der Emigration entwickelt Adorno mit Horkheimer in den USA die Grundlagen einer kritischen Sozialphilosophie durch die gemeinsame Abfassung der *Dialektik der Aufklärung*. Adorno arbeitet in dieser Zeit auch an Projekten der empirischen Sozialforschung. Ein zentrales Projekt untersucht die Ursprünge des Antisemitismus (*The Authoritarian Personality*, 1950). Er verfasst seine *Philosophie der neuen Musik* (1949) und die Grundschrift *Minima Moralia* (1951). Mit Horkheimer geht er 1949 nach Frankfurt zurück und leitet das 1951 neu eingerichtete Institut für Sozialforschung. Es folgen zwei äußerst intensive und wirksame Jahrzehnte, in denen Adorno in allen Medien präsent ist und die Kritische Theorie der Gesellschaft in der Öffentlichkeit der Bundesrepublik zur Geltung bringt. Er verfasst sein theoretisches Hauptwerk, die *Negative Dialektik* (1966) und arbeitet an der *Ästhetischen Theorie* (1970), als er 1969 stirbt.

In seinen Untersuchen zur Ästhetik zeigt Adorno: In der modernen Kunst sind innovative, irreduzible Protest- und Emanzipationspotentiale enthalten, die sich nur gegen die Verdinglichungs- und Entfremdungsprozesse des Spätkapitalismus verstehen lassen. Im Werk *Minima Moralia* mit dem Untertitel *Reflexionen aus dem beschädigten Leben* kommt der paradoxe, gegen die universale Entfremdung gerichtete, negativ-theoretische Hoffnungsimpuls von Adornos Denken prägnant zum Ausdruck. Die unscheinbarsten Alltagserfahrungen sollten einerseits wie vom Standpunkt der Erlösung aus betrachtet werden – andererseits noch mit dem Bewusstsein der Unmöglichkeit dieser Perspektive. Der Hintergrund seines Denkens – so wird hier deutlich – ist beeinflusst von Walter Benjamin, der Adorno früh prägte. Im Hauptwerk *Negative Dialektik* vertieft Adorno seinen Grundgedanken: Die begrifflichen Verallgemeinerungen des Denkens sollen das Seiende verfügbar und objektivierbar, somit beherrschbar machen. Auf diese Weise wird das von Adorno sogenannte ‹Nichtidentische› des unmittelbar Wirklichen verdrängt und vernichtet. Dieses Nichtidentische aber, das absolut Individuelle, lässt sich begrifflich nicht fassen. Philosophisch bekommt die kritische Reflexion so ein negatives, geradezu paradoxes Fundament; in der Kunst aber erhält das Nichtidentische Artikulationsmöglichkeiten. Die Radikalität des Negativismus Adornos ist eng verwandt mit den negativ-theologischen Grundgedanken Benjamins. Einerseits soll, ja muss die Perspektive der Erlösung, der Versöhnung aufrecht erhalten bleiben. Andererseits ist dies angesichts des universalen Verdinglichungs- und Entfremdungszusammenhangs des technokratisch-wissenschaftlich gestützten und bürokratisch verwalteten, rein effizienzökonomisch ausgerichteten Spätkapitalismus nahezu unmöglich. Nur paradox und aporetisch vermögen unentfremdete Lebensformen aufzuscheinen, insbesondere in modernen Kunstwerken. Diese Gestalt der klassischen Kritischen Theorie der Frankfurter Schule, die Adorno und Horkheimer mit Benjamin verbindet, ist durch ihre extreme Sinnkritik wider Willen der Ontologiekritik Heideggers wie der radikalen Sprachkritik Wittgensteins uneingestanden viel näher, als dies allgemein bewusst ist. Wittgenstein wird nur beiläufig thematisiert und wenn, dann im Kontext einer recht oberflächlichen Positivismus- und Szientismuskritik. Adorno kritisiert Heidegger polemisch in seinem Text *Jargon der Eigentlichkeit. Zur deutschen Ideologie* (1964). Diese Ideologiekritik an den deutschen Eliten, die den Nationalsozialismus mit ermöglichten und teilweise mit trugen, berührt allerdings nicht die Tiefenstruktur der ontologischen Sinnkritik, die Heidegger zeitlebens leitete. Die verdinglicht-verfallende Urverfehlung der abendländischen

Philosophie und Ontologie, an die Stelle des Seins immer nur Seiendes zu setzen, zeigt deutliche Verwandtschaft mit der fundamentalen Sinnkritik an der ständigen Verfehlung des Individuellen, des «Nichtidentischen» durch die Gewalt des begrifflichen Denkens und seiner Verallgemeinerungen, die alles Seiende funktionalisieren und instrumentalisieren. Letztere Sinnkritik aber bildet die Basis von Adornos *Negativer Dialektik* und bereits der *Dialektik der Aufklärung*. Das «Nichtidentische» und die «ontologische Differenz» stehen sich näher, als die Autoren es wohl wahrhaben wollten. Ebenso ist die Suche nach alternativen, unentfremdeten authentischen Ausdrucksformen, die Sinn wieder unverstellt zugänglich zu machen in der Lage sind, bei Heidegger und Adorno nicht unähnlich. Der eine verortet solche Formen in der Lyrik Hölderlins, der andere in Kompositionen der Schönberg-Schule. Auch die Suche nach alternativen Sprachformen der – mit Wittgenstein – «zeigenden» Sinnvergegenwärtigung verbindet Adorno mit Wittgensteins Spätphilosophie. Im dritten Teil der *Negativen Dialektik* entwirft er «Modelle» der negativen Dialektik; diese sind den Formen der «Sprachspiele» und ihren «Familienähnlichkeiten» viel verwandter, als gemeinhin wahrgenommen. Wittgenstein entwickelt diese ebenfalls modellhaften Formen, um sprachlich erzeugten Schein zu vermeiden und der intern unendlichen Binnenkomplexität der Phänomene kritisch gerecht zu werden.

Dass Adornos, Horkheimers (und vorher Benjamins) Sinnkritik so tief ansetzt, ist kein Vorwurf, könnte aber zur Beseitigung von Missverständnissen dienen. Denn dann würde auch besser verständlich, dass die Gesellschaftskritik im etwas genaueren und engeren Sinne, also die Kritik der ökonomischen, sozialen, politischen und rechtlichen Verhältnisse, sich doch auf einer anderen Ebene bewegt und spezifisch ausgearbeitet werden muss – mit Marx, aber auch mit Hegel, der bereits mögliche Vermittlungsformen auf allen diesen Ebenen konzipierte. Durch diese Differenzierung von kryptotheologisch-fundamentaler Kritik und konkreter Gesellschaftskritik kann auch die weitere Entwicklung der Frankfurter Schule besser verständlich werden.

Dennoch war die Wirkung der Gesellschaftskritik der klassischen kritischen Theorie in den 60er Jahren trotz ihrer radikal negativen Basis sehr stark. Die öffentlichen Vorträge, Interviews und Radiosendungen Adornos (*Erziehung zur Mündigkeit*) sind verständlich gehalten und dienen einem dennoch tragfähigen Aufklärungsprojekt.

Die große Wirkung trifft in noch viel stärkerem Maß auf Herbert Marcuse (1898–1979) zu. Marcuse hatte zunächst bei Husserl und Heidegger studiert. Eine Habilitation über Hegels Ontologie bei Heidegger scheiterte, weshalb er dann im Institut für Sozialforschung mitarbeitete, auch während der Emigration in Genf und New York. Er wurde Professor an der Universität von Kalifornien in San Diego, ebenso in Paris und Berlin. Marcuse legte sein kritisches Hauptwerk *One Dimensional Man* (1964; *Der eindimensionale Mensch*, 1967) vor, nachdem er nach seiner Emigration 1933 in seinem Hegel-Buch *Reason and Revolution* (1941; *Vernunft und Revolution*, 1962) eine eigene Konzeption kritischer Gesellschaftstheorie entwickelte und in *Eros and Civilization* (1955; *Eros und Kultur*, 1957), Freud weiterführend, emanzipatorische Potentiale in der menschlichen Triebstruktur ansetzte. Sein Denken eröffnet im Gegensatz zum starken Pessimismus und Negativismus von Horkheimer und Adorno dem Anspruch nach konkrete Befreiungsperspektiven: Gegen den irrationalen Spätkapitalismus gelte es, eine «große Weigerung» zu praktizieren und neue, befreiende, mehrdimensionale Lebensformen zu erproben. Dieser Ansatz wurde von der Studenten- und Protestbewegung der 1960er Jahre intensiv aufgenommen. In der Kritik blieb aber die Frage bestehen, ob die theoretischen Grundlagen einer tragfähigen Gesellschaftskritik bei Marcuse wirklich ausgearbeitet sind. Die Kritik des Spätkapitalismus, dessen Demokratie Marcuse mit dem Titel «repressive Toleranz» versah und seine Utopie alternativer Lebensformen, in denen Freiheit und Glück durch freie Triebbefriedigung wirklich werden sollen – diese beiden Ebenen sind strikt antithetisch-dualistisch konzipiert. Ihnen haftet daher im Rückblick selbst etwas Ideologisches an.

Sehr wirksam wurde in diesem Kontext Erich Fromm (1900–

1980), der von 1930–1938 ebenfalls am Institut für Sozialforschung gearbeitet hatte. Als Psychoanalytiker und Sozialphilosoph schrieb er in den USA Werke über *Die Furcht vor der Freiheit* (1941), *Psychoanalyse und Ethik* (1947), *Die Kunst des Liebens* (1956) und die *Anatomie der menschlichen Destruktivität* (1973). Sehr wirksam wurde sein Alterswerk *To have or to Be?* (*Haben oder Sein. Die seelischen Grundlagen einer neuen Gesellschaft*, 1976), in dem er seine Analysen zusammenfasst. Es geht um die Entwicklung einer gänzlich neuen Lebensform, die gegen Egoismus, Selbstsucht und Habgier und damit gegen die Prämissen des Kapitalismus, des Privateigentums und die effizienzökonomische Profitmaximierung gerichtet ist: Mit der Lebensform des «Seins» hingegen öffnet sich der Mensch der Wirklichkeit der Welt und einem allseitigen Humanismus. Fromm lehrt geradezu eine neue nicht-theistische Religion, er verbindet so Marx, Freud und mystische Traditionen mit einem neuen ökologischen Bewusstsein. Für die Alternativbewegungen der 70er Jahre war dies ein überaus prägender Ansatz.

Jürgen Habermas (geb. 1929) zählt zur zweiten Generation der Kritischen Theorie. Er arbeitet von 1956 bis 1959 am Institut für Sozialforschung, beschreitet aber bereits früh einen eigenen Weg, indem er fragt, wie eine Kritische Theorie der Gesellschaft auf dem Niveau sozialwissenschaftlicher Forschung und im Blick auf rechts- und demokratietheoretische Grundfragen möglich ist. Weder der Negativismus Horkheimers und Adornos noch die triebstrukturelle Fundierung des Emanzipationsprozesses bei Marcuse bieten ihm zufolge eine Antwort auf diese Frage. In seiner Habilitationsschrift *Strukturwandel der Öffentlichkeit* (1961) analysiert er die im Zuge der Aufklärung entstehenden sozialen Kommunikationsformen, in denen sich gesellschaftliche Klärungs- und Kritikpotentiale entfalten können. Seine Hauptwerke prägen die Gegenwartsdiskussion. Aufgrund der eigenständigen Weiterentwicklung seines Denkens wird sein Werk in Kapitel 10 behandelt.

8. Die sprachkritische Wende – Wittgenstein und der *linguistic turn*

Bei Gottlob Frege (1848–1925) findet sich bereits eine bahnbrechende Erneuerung der logischen Analyse der Sprache. In seinen Aufsätzen *Über Sinn und Bedeutung* sowie *Der Gedanke* zeigt er, wie die Analyse der logischen Form der Sprache die Konstitution von Bedeutung und die Bedingungen von Geltungen und Wahrheitsansprüchen aufzuklären vermag. Solche Analysen leisten auch Russell und Whitehead in ihren *Principia Mathematica* (1910–1913).

In diesem Kontext entwickelt sich der logische Positivismus des Wiener Kreises, der sich um Moritz Schlick (1882–1936) bildet und der zu Wittgensteins *Tractatus logico-philosophicus* (1921) und Rudolf Carnaps (1891–1970) *Der logische Aufbau der Welt* (1928) führt. Der Grundgedanke des Wiener Kreises besteht im wissenschaftlichen Verifikationsprinzip: Die Bedeutung eines Satzes besteht wesentlich in der Methode seiner empirischen Überprüfung, d. h. in den konkreten Erfahrungen, durch die er bestätigt wird. Mit dieser sprachkritischen Weichenstellung werden viele traditionelle philosophische Fragestellungen insbesondere der Metaphysik eliminiert. An die Stelle der Metaphysik tritt die logische Analyse der Sprache, da wir über keine empirischen Kriterien hinsichtlich der Existenz Gottes, der menschlichen Freiheit oder der Unsterblichkeit der Seele verfügen. Die logische Analyse zerlegt alle Sätze solange, bis ganz einfache Aussagen übrigbleiben, die elementare Erfahrungen wiedergeben – die sogenannten Protokollsätze. Der Wiener Kreis konzipiert daher eine Einheitswissenschaft, die – wie Otto Neurath (1882–1945) betont – paradigmatisch in der Physik realisiert ist. Wissenschaftstheoretisch wird ein Physikalismus vertreten. Auch auf die Psychologie wird das Verifikationsprinzip angewandt: Es folgt (im Anschluss an die amerikanischen

Forschungen von J. B. Watson) der *Behaviorismus*. Psychologie als Wissenschaft kann sich allein auf beobachtbares Verhalten und die Reaktionen von Individuen in bestimmten Situationen beziehen. Die spezifischen Probleme der Philosophie bestehen in der logischen Analyse der Wissenschaftssprache und der genauen Konstruktion der logischen Syntax, ihrer Einheitssprache, so behauptet Carnap schließlich in *Logische Syntax der Sprache* (1934). Durch Emigration wichtiger Mitglieder des Wiener Kreises in die angloamerikanische Welt in den 1930er Jahren wurde der sprachkritische logische Positivismus und Empirismus dort zu einer sehr starken Strömung.

Ludwig Wittgenstein (1889–1951) stammte aus einer sehr wohlhabenden Wiener Familie, studierte Ingenieurwissenschaften in Berlin und Manchester und begann, sich mit Grundfragen der Mathematik und Logik zu befassen. Er nahm Kontakt mit Frege auf und studierte seit 1911 in Cambridge bei Russell Logik und Philosophie. Wittgenstein wurde Freiwilliger im Ersten Weltkrieg. Aus dieser Zeit stammen umfangreiche Tagebuchaufzeichnungen, in denen er seine Arbeit am ersten Hauptwerk, dem *Tractatus logico philosophicus*, beginnt. Nach dem Krieg ändert er sein Leben, verschenkt sein Vermögen und wird Volksschullehrer, später Architekt. Der *Tractatus* erscheint, Wittgenstein diskutiert mit den Philosophen des Wiener Kreises, er promoviert mit dem Werk in Cambridge und beginnt dort seine philosophische Lehrtätigkeit. Seit 1936 arbeitet er in Norwegen zurückgezogen an seinen Aufzeichnungen und wird 1939 als Nachfolger G. E. Moores nach Cambridge berufen. Im Zweiten Weltkrieg hilft er freiwillig in Krankenhäusern und lehrt nach dem Krieg noch bis 1947. Schließlich zieht er sich nach Irland zurück, wo er bis zu seinem Tod an seinem Werk arbeitet.

Wittgenstein war befreundet mit Bertrand Russell (1872–1970), der gemeinsam mit Alfred North Whitehead (1861–1947) im Hauptwerk *Principia Mathematica* (1910–1913) einen logischen Atomismus ausgearbeitet hatte. Weltruhm erlangte Russell durch sein soziales und sein politisches Engagement in der Weltfriedensbewegung und durch seine populären philosophischen Schriften, für die er 1950 den Nobelpreis erhielt. George Eduard Moore (1873–1958), ebenfalls ein Freund Russells, seit 1925 Professor für «Mental Philosophy and Logic» in Cambridge, entfaltete in der Tradition des klärenden Rückbezugs auf den «common sense» in seinem Buch *Principia Ethica* (1903) und in vielen anderen Texten den Ansatz einer genauen Problem- und Alltagssprachanalyse, die für seinen Nachfolger Wittgenstein vorbildlich wurde.

Der Ansatz des *Tractatus* von Wittgenstein war grundlegend für den Wiener Kreis, enthält aber auch bereits sprengende und weiterführende Thesen und Perspektiven. Er konzipiert das Werk unter dem Einfluss von Frege und Russell im Ersten Weltkrieg und formt es zu einem äußerst knappen, rigiden Text, dessen Aufbau aus sieben Kernsätzen besteht, die jeweils in der Folge weiter expliziert und erläutert werden.

Kernsätze des Tractatus logico-philosophicus

1. «Die Welt ist alles, was der Fall ist.»
2. «Was der Fall ist, die Tatsache, ist das Bestehen von Sachverhalten.»
3. «Das logische Bild der Tatsachen ist der Gedanke.»
4. «Der Gedanke ist der sinnvolle Satz.»
5. «Der Satz ist eine Wahrheitsfunktion der Elementarsätze. (Der Elementarsatz ist eine Wahrheitsfunktion seiner selbst.)»
6. «Die allgemeine Form der Wahrheitsfunktion ist: $[p, \xi, N(\xi)]$ Dies ist die allgemeine Form des Satzes.»
7. «Wovon man nicht sprechen kann, darüber muss man schweigen.»

Wittgenstein will mit seinem Werk das Wesen des Satzes aufklären, entsprechend sollte es ursprünglich *Der Satz* heißen. Wird aufgeklärt, was sich aufgrund dieses Wesens sagen lässt, so lässt sich das überhaupt Sagbare von innen her vom Unsagbaren abgrenzen. Die Thesen 1 und 2 behaupten, dass die Welt die Gesamtheit der Tatsachen ist und wir diese in Bildern begreifen. Tatsachen sind Sachverhalte, die selbst Konfigurationen von Gegenständen sind. Das logische Bild, das wir uns von Tatsachen machen, ist These 3 zufolge der Gedanke, der sich im Satz sinnlich wahrnehmbar artikulieren lässt. Die Konfiguration der Gegenstände in der Sachlage und die Konfiguration der Zeichen im Satz entsprechen sich. Nur Sätze haben einen Sinn. Daher werden nach These 4 Gedanken stets in sinnvollen Sätzen ausgedrückt. Die Gesamtheit der sinnvollen wahren Sätze ist das, was die Naturwissenschaft ausmacht. Demgegenüber erhält die Philosophie einen gänzlich anderen Status – sie ist keine Wissenschaft, sondern eine Tätigkeit, die die Gedanken klären soll. Wittgenstein trifft die Grundunterscheidung von *Sagen und Zeigen*: «Der Satz *zeigt* seinen Sinn. Der Satz *zeigt*, wie es sich verhält, *wenn* er wahr ist. Und er *sagt, dass* es sich so verhält (4.022).» Die Thesen 5 und 6 reduzieren die Sinnkonstitution letztlich auf einfachste Sätze, die Elementarsätze. Die logischen Formen ergeben nur Tautologien, sie bilden nichts ab. Außerhalb ihrer gibt es keine Gesetze und keine Notwendigkeit, keine Kausalität, nur Abfolge. In der Welt gibt es somit nur empirische Tatsachen, «nichts Höheres». Gegen Ende des *Tractatus* thematisiert Wittenstein die *Grenzen der Sprache*, des Lebens, der Welt, er redet von Gott: «Gott offenbart sich nicht in der Welt» (6.432) und vom Unaussprechlichen: «Dies zeigt sich, es ist das Mystische» (6.522). Mit diesem Schritt sprengt er bereits ganz bewusst den Rahmen des Logischen Empirismus. Die Struktur des *Tractatus* selbst ist bei näherer Betrachtung nämlich paradox: Die Bildtheorie des Satzsinns lässt sich nicht auf die im Text verwendete Sprache anwenden; diese Sprache hat keinen gegenständlichen Bezug. Sie zeigt nur ihren Sinn. Dieser Sinn ist nach Wittgenstein ein ethischer: Die paradoxe Selbstaufhebung des Textes vermittels seiner eigenen Sinnkriterien weist bzw. zeigt auf die Lebenspraxis, in der ethische und religiöse («mystische») Bedeutungen ihren wahren Ort haben. Entsprechend beendet Wittgenstein nach Vollendung des Textes zunächst sein Philosophieren und wendet sich der Praxis zu, bis ihn Freunde zur Promotion und zur Lehrtätigkeit an der Universität Cambridge bewegen können.

Gegenwärtig wird vielfach noch das Denken des «frühen» und des «späten» Wittgensteins schroff gegeneinander gestellt und der Verfasser des *Tractatus logico-philosophicus* als «Wittgenstein I», der der *Philosophischen Untersuchungen* (1953), seines zweiten Hauptwerkes, als «Wittgenstein II» bezeichnet. Diese Auffassung beruht sowohl auf der Unkenntnis der komplexen Werke des «mittleren» Wittgenstein als auch auf dem Unverständnis seiner sprachkritischen Grundlagenreflexion, die seine frühe mit seiner späten Systematik verbindet. Wittgenstein arbeitet auch nach dem *Tractatus* ständig weiter an seinen Aufzeichnungen, Tagebüchern und Notizen, oft in einer schwer zu entziffernden Geheimschrift. Es entstehen die Manuskripte *Philosophische Bemerkungen, Philosophische Grammatik, Zettel,* die Texte *Blaues* und *Braunes Buch*, die er seinen Schülern in Cambridge diktiert, Schriften zu den *Grundlagen der Mathematik* und zur *Philosophie der Psychologie*, schließlich die Texte *Bemerkungen über die Farben* und *Über Gewissheit*, an denen er bis zu seinem Tod arbeitet. Erst die Kenntnis aller dieser Texte unter Einschluss der Tagebücher erschließt die ganze Komplexität und Kontinuität der lebenslangen Auseinandersetzung Wittgensteins mit den Grundfragen, die für ihn zugleich existentielle Fragen waren. So wird aus den vor einiger Zeit entzifferten und edierten Tagebüchern erst deutlich, wie intensiv sich Wittgenstein jahrelang mit dem Werk Kierkegaards gerade auch in religiöser Hinsicht auseinander setzte. Mit der Fülle und Komplexität der Aufzeichnungen ist auch die bislang ungelöste Editionsproblematik des Werkes Wittgensteins verbunden. Noch immer existieren von den meisten Texten keine historisch-kritisch wirklich zuverlässigen Ausgaben.

Berücksichtigt man die Kontinuität seines Schaffens, so lässt sich das Werk Wittgensteins als ein lebenslanger Prozess der systematischen Vertiefung, Präzisierung und Radikalisierung seiner Grundlagenreflexion rekonstruieren. Der *Tractatus* rückt die Reflexion auf die Sprache und näherhin auf die Logik der Form des Satzes ins Zentrum der Erkenntniskritik und die Klärung des Verhältnisses von Welt und Sinn. In der Folge radikalisiert Wittgenstein seine Reflexion, indem er die Form der sprachlichen Vermittlung in ihrer internen Struktur immer genauer in ihrer Komplexität, in ihrer Geregeltheit zu erfassen sucht. Diese Form ist, so zeigt sich, weit komplexer als die formale Logik. Die mit dieser Einsicht verbundenen Analysen führen bis zu den *Philosophischen Untersuchungen*, in denen das Verhältnis von sprachlicher Form, Grammatik und Sprachgebrauch zur jeweiligen Bedeutung neu geklärt wird. Im letzten Werk, *Über Gewissheit*, fragt Wittgenstein noch nach den Voraussetzungen der vorangegangenen Analysen zum wechselseitigen Verhältnis von Sprachbedeutung und Sprachgebrauch, Sprachspielen und Lebensformen. Die noch basaleren Voraussetzungen der Sinn- und Bedeutungskonstitution sind in den in unserer Lebenspraxis manifestierten, diese ermöglichenden Weltbildern zu suchen. Die späten Analysen Wittgensteins berühren sich daher mit den Lebensweltanalysen in der Tradition der Phänomenologie Husserls. In seinem zweiten Hauptwerk *Philosophische Untersuchungen* revidiert Wittgenstein in Auseinandersetzung mit dem *Tractatus* seine frühere Sprachphilosophie. Das Werk radikalisiert und vertieft den Ansatz der Sprachkritik. Wir machen uns falsche Bilder vom Funktionieren der Sprache. Ein solches falsches Bild ist z. B. das eines Abbildverhältnisses von Sprache und Wirklichkeit. Insbesondere geht die traditionelle Subjekt- und Bewusstseinsphilosophie davon aus, dass sich die psychologischen Begriffe z. B. des Denkens, Vorstellens, Wollens, Meinens auf Vorgänge im Inneren des Geistes oder der Seele beziehen.

Wittgensteins tiefgreifende kritische Analyse zeigt, dass sich die komplexen, solche mentalen Begriffe enthaltenden alltäglichen Sprachpraxen – die er Sprachspiele nennt – aus ihrem internen sprachlichen und dem externen praktischen Kontext, den Lebensformen, verstehen lassen, nicht jedoch durch Rekurs auf eine «subjektive» Innenwelt. In unserer Lebenspraxis sind sprachliches und nichtsprachliches Handeln untrennbar miteinander verbunden. Vor der jeweiligen Sprachgebrauchspraxis lässt sich die Bedeutung von Worten und Sätzen nicht bestimmen und nicht verstehen; die «Bedeutung» der Worte und Sätze ist in vielen Fällen ihr «Gebrauch». So ist die Bedeutung von «König» im Schach eine andere als in der Politik. Wörter haben eine (unüberschaubar) komplexe und differenzierte Fülle von

Funktionen, die wir auch im Blick auf die Zukunft nicht abschließend beurteilen können.

Ebenso ist uns das Ganze der Sprachpraxis schlechterdings nicht theoretisch zugänglich, obwohl wir uns praktisch in diesem Ganzen bewegen und orientieren. Es gibt keine einheitliche Bedeutungsfunktion, weder für Wörter noch für Sätze. So wird das Wort «Spiel» auf unterschiedliche Praxen wie Schach, Fußball, Versteckspiel, Spiele im Sandkasten etc. angewandt. Sie haben eine gewisse Ähnlichkeit, die Wittgenstein *Familienähnlichkeit* nennt, aber kein darüber hinausreichendes gemeinsames Wesen. Wittgenstein kritisiert sowohl objektivistische und subjektivistische Bedeutungstheorien als auch substantielle Begriffstheorien. Was seit Platon als «Wesen» einer Sache gedacht wurde, liegt in der «Grammatik», der wir in der Sprachgebrauchspraxis folgen. Die Regeln, denen wir beim Gebrauch der Grammatik folgen, sind uns im Alltag auch keineswegs explizit bekannt und bewusst, sondern wir folgen den Regeln meist implizit und «blind». Daher kritisiert Wittgenstein auch falsche Vorstellungen und Bilder von sprachlichen Regeln und dem Regelfolgen. Weder vertritt er angesichts der Implizitheit der Regeln einen Regelskeptizismus, noch einen Platonismus, gemäß dem es «Regeln an sich» unabhängig vom konkreten Sprachgebrauch gibt. Im Kontext der gemeinsamen Sprachpraxis in gemeinsamen Lebensformen lässt sich jeweils beurteilen, ob jemand oder man selbst einer Regel folgt. Nur so ist die Regel z. B. des Zählens oder der Verwendung der Farbwörter auch lehr- und lernbar. Die öffentliche Zugänglichkeit und Beurteilbarkeit ist das zentrale Sinnkriterium.

Auf dieser Grundlage entwickelt Wittgenstein ein für die Anschlussdiskussion besonders wichtiges Argument, das *Privatsprachenargument*. Ist es nicht möglich, für sich allein eine Sprache zu entwickeln und zu verwenden? Wittgenstein zeigt mit subtiler Argumentation, dass es für eine solche Sprache kein Kriterium der Richtigkeit ihrer Verwendung gäbe. Die Kritik der Privatsprache leistet eine weitreichende Destruktion aller Subjekt- und Bewusstseinstheorien und aller irreführenden Bilder von einer Innenwelt des Denkens, Vorstellens, Empfindens und Fühlens. Sie zeigt demgegenüber, dass gerade die subjektivsten Dimensionen unserer Erfahrung uns selbst nur durch die öffentliche, gemeinsame, intersubjektive Sprach- und Lebenspraxis zugänglich sind. Öffentliche Sprachspiele in gemeinsamen Lebensformen sind unhintergehbar für alles Bedeutungsverstehen und jedes Selbstverständnis.

Die *Philosophischen Untersuchungen* hatten und haben eine weltweite Wirkung als eines der bedeutendsten Werke des 20. Jahrhunderts. Sie wurden vorbildlich für die Alltagssprachanalysen von Ryle und Austin und führten zu Grundsatzkontroversen über die Möglichkeiten und Grenzen der Philosophie. In seinen letzten Untersuchungen *Über Gewissheit* (1969) thematisiert Wittgenstein die Voraussetzungen des Funktionierens von Sprachspielen in konkreten Lebensformen. Er zeigt in Auseinandersetzung mit George Edward Moore auf, dass unser Handeln und Sprechen auf elementaren, nicht explizit bewussten Gewissheiten ruht, die selbst unbegründet sind, aber allen Zweifeln und Irrtümern bereits vorausgehen. Das unbegründete Bezugssystem unseres Zweifelns und Fragens ist ein vorgängiges Weltverständnis, das sich geschichtlich oft nur unmerklich verändert. Wir stoßen mit diesen Analysen somit auf die Möglichkeitsbedingungen noch von Zweifel, Wissen, Irrtum und Skepsis.

Wittgensteins weltweite Wirkung hält bis heute, sich steigernd, an. Sie ist in der Moderne nur mit der Wirkung Heideggers vergleichbar. Das liegt daran, dass sein Denken zum einen die sprachlichen Grundlagen aller unserer Erkenntnis in Theorie wie Praxis betrifft und in eine völlig neue Perspektive rückt, die sowohl die traditionellen ontologischen wie die bewusstseinsphilosophischen Ansätze aus über 2000 Jahren überwindet. Die sprachkritische Wende, der *linguistic turn*, ist eine Revolution, die mit der Erfindung der Ontologie am Beginn der Philosophie und mit der Entstehung und Entwicklung der Erkenntnistheorie von Descartes bis zu Kants transzendentaler Wende systematisch gleichrangig ist. Zum anderen umfasst sein Denken, wie erst in den letzten Jahren durch die Erforschung der nachgelassenen Texte deutlich wird, die ganze Bandbreite der Philosophie von der Logik und Mathematik über die Ethik, Ästhetik und Religionsphilosophie bis zur Philosophie der Psychologie. In seinen späten Studien zu den Farben greift er Grundgedanken aus Goethes Farbenlehre auf. Er setzt sich mit der Existenzphilosophie Kierkegaards ebenso intensiv auseinander wie mit der Psychoanalyse Freuds. Sein innovativer sinnkriterialer Differentialismus wird daher in allen systematischen Kontexten der Gegenwart und der Zukunft immer wieder neu auf uns zukommen.

Direkte Schüler Wittgensteins entwickeln seine Gedanken eigenständig weiter, so Anscombe, Geach und von Wright. Gertrude Elizabeth Margaret Anscombe (1919–2001) legt in ihrem Hauptwerk *Intention* (1957) eine Analyse praktischen Wissens vor, die die Grundlage der praktischen Philosophie klären soll und die sie in *Modern Moral Philosophy* (1958) weiterführt. Ihr Mann Peter Geach (geb. 1916) arbeitet in seine logischen, urteilstheoretischen Analysen (*Mental Acts*, 1957; *Reference and Generality*, 1962) immer wieder Bezüge zur mittelalterlichen Logik (Thomas von Aquin) und zu ihren Bedeutungstheorien ein; er entwirft eine katholische Religionsphilosophie. Wittgensteins Schüler Georg Henrik von Wright (1916–2003) führt auch die handlungstheoretischen Untersuchungen Anscombes weiter. In *Norm and Action* (1963; *Norm und Handlung*, 1979) und v. a. in *Explanation and Understanding* (1971; *Erklären und Verstehen*, 1974) konzipiert er gegen logisch-positivistische, einheitswissenschaftliche Ansätze einen antireduktionistischen Intentionalismus, der die Absichten von Personen in der Handlungssprache grundsätzlich von erklärbaren Kausalabläufen unterscheidet. Sinnverstehende lassen sich so von kausalerklärenden Wissenschaften, Verstehen lässt sich von Erklären differenzieren, die analytische Sprachkritik berührt sich mit der Hermeneutik. Wrights Nachweis der begrifflichen Abhängigkeit des Kausalitäts- vom Handlungsbegriffes besagt, dass wir ohne Bezug auf unser eigenes Handeln auch die Ebene der Ereigniskausalität nicht erkennen können. Diese Analyse entspricht der transzendentalen Rekonstruktion der Kausalität auf pragmatischer, handlungstheoretischer Grundlage, die von Kant entwickelt wurde. Aus dem Logischen Empirismus und Positivismus der Wiener Schule sowie Carnaps, unter dem Einfluss von Frege und Russell und durch die Wirkung der Ansätze sowohl des frühen Wittgenstein des *Tractatus* als auch des späten Wittgenstein der *Philosophischen Untersuchungen* bildet sich u. a. aufgrund der Emigration der führenden Philosophen in den 1930er bis 1960er Jahren die breite Strömung der *Analytischen Philosophie* mit ihren im Kern sprachphilosophischen, sprachanalytischen Orientierungen heraus. In vielen Modifikationen wirkt sie als eine der stärksten Formationen bis in die Gegenwart weiter. Ein erstes Hauptwerk der Schule der Analytischen Philosophie ist *Language, Truth and Logic* (1936) von Alfred Jules Ayer (1910–1989), in dem er das Verifikationsprinzip empirisch bestimmt und außer den logischen Tautologien alle diesem Prinzip nicht genügenden Sätze als metaphysisch ausschließt. Auch den induktiven Schlüssen wird ein Recht zuerkannt. Der Philosophie bleibt allein die logische Analyse. Spätere Vertreter der Analytischen Philosophie werden die Unzulänglichkeit einer reinen Beobachtungssprache kritisch gegen Ayer herausarbeiten, so Carnap, und wie Quine den Verifikationismus kritisieren.

Im Anschluss an Wittgensteins Spätphilosophie entwickelt sich als zweite große Strömung des *linguistic turn* der Ansatz der Alltagssprachanalyse, so bei Ryle und Austin. Diese Sprachphilosophie setzt nicht bei der Konstruktion von Wissenschaftssprachen ein, sondern beim alltäglichen Sprachgebrauch inmitten der Lebenspraxis, um so genaue Bedeutungsanalysen zu erreichen.

Gilbert Ryle (1900–1976), der von Wittgenstein, aber auch von der kontinentalen Phänomenologie Husserls und Heideggers beeinflusst wurde, legt in seinem Hauptwerk *The Concept of Mind* (1949; *Der Begriff des Geistes*, 1969) eine Theorie des Geistes in der Form der Analyse der Verwendung mentaler, psychologischer Begriffe im Alltag vor. Die Analyse zeigt, dass wir ohne die tatsächlichen äußerlich beobachtbaren Handlungen und Verhaltensweisen der Menschen vom «Geistigen», «Inneren» keinerlei Kenntnis hätten. Ryle destruiert so das «Dogma vom Geist in der Maschine», das Modell des cartesischen Dualismus von «Denken» (*res cogitans*) und materieller Gegenständlichkeit (*res extensa*) – wie vor ihm Heidegger und Wittgenstein. Im Zentrum weist Ryle Kategorienfehler auf (*category mistakes*), die z. B. darin bestehen, mentale Dispositionsbegriffe – Begriffe, die sich auf erwartbares Verhalten von Personen beziehen (z. B. mutig, geizig) – als innere geistige Vorgänge oder Eigenschaften zu objektivieren.

John Langshaw Austin (1911–1960) entwirft die Sprachanalyse als linguistische Phänomenologie (*linguistic phenomenology*). Mit dieser Bezeichnung wird eine systematisch wichtige Nähe bzw. Berührung von Phänomenologie, Hermeneutik und Sprachphilosophie deutlich. Austins große Leistung besteht in der Entwicklung der bahnbrechenden Sprechakttheorie in seinem Hauptwerk *How to do Things with Words* (1962; *Zur Theorie der Sprechakte*, 1972). Sprechakte sind Handlungen, die nicht wahr oder falsch sein können, sondern die gelingen oder misslingen, die wahrhaftig oder unwahrhaftig sind – so z. B. die Akte «Ich taufe dich auf den Namen John» oder «Ich verspreche dir, dass ich morgen komme». Seine erkenntnistheoretischen Analysen vertieft Austin in *Sense and Sensibilia* (1962; *Sinn und Sinnerfahrung*, 1975); er weist gegen den reduktionistischen Empirismus z. B. Ayers auf, dass die alltägliche Wahrnehmung viel komplexer und ganzheitlicher ist, als dieser meint.

Richard Mervyn Hare (1919–2002) wendet die *ordinary language philosophy* auf die praktische Philosophie an. In *The Language of Morals* (1952; *Die Sprache der Moral, 1972*) und *Freedom and Reason* (1963; *Freiheit und Vernunft, 1973*) analysiert er die Sprache der Moral, insbesondere die vorschreibenden, präskriptiven Imperative und gelangt zu einer logischen Reformulierung von Kants Kategorischem Imperativ als universellem (logischem) Präskriptivismus.

Wilfrid Sellars (1912–1989) vertieft die Intentionalitätsanalysen der Sprachphilosophie in seinem wichtigen Aufsatz *Empiricism and the Philosophy of Mind* (1963). Er kritisiert den «Mythos des Gegebenen» («myth of the given») und wirkt damit auf Rorty und sein Hauptwerk *Philosophy and the Mirror of Nature* (s. u.).

Peter F. Strawson (1919–2006) arbeitet eine deskriptive Metaphysik auf sprachanalytischer Grundlage aus, die er in seinem Hauptwerk *Individuals* (1959; *Einzelding und logisches Subjekt*, 1972) mit seiner Personalitätsthese entfaltet: Menschliche Personen mit mentalen Eigenschaften sind ontologisch irreduzibel. Strawson nähert sich so auf analytische, deskriptive Weise transzendentalen Argumenten Kants, so in seinem *The Bounds of Sense* (1966; *Die Grenzen des Sinns*, 1981).

Von großem Einfluss für die Weiterentwicklung der Analytischen Philosophie ist in den USA Willard Van Orman Quine (1908–2000). Entscheidend in seinen Werken *On what there is* (1948), *Word and Object* (1960; *Wort und Gegenstand*, 1980) und *Ontological Relativity and Other Essays* (1969; *Ontologische Relativität und andere Schriften*, 2003) sind kritische Relativierungs- und Unbestimmtheitsthesen hinsichtlich möglicher Übersetzungen und Theoriekonstruktionen. Er gelangt zu einem moderaten, ganzheitlichen (holistischen) Sprach- und Wissenschaftsverständnis, das wiederum Anlass für wissenschaftskritische Anschlussdiskussionen war: Entweder werden die Ansprüche des verbleibenden Logischen Empirismus sehr stark eingeschränkt oder preisgegeben (so Rorty, s. u.). Nelson Goodman (1906–1998) wendet in seinem Werk *Ways of Worldmaking* (1978; *Weisen der Welterzeugung*, 1984) die Analytische Philosophie auf die Grundfragen des menschlichen Weltverstehens in symbolischen Formen an. In *Language of Art: An Approach to a Theory of Symbols* (1968; *Sprachen der Kunst*, 1998) thematisiert er besonders die Sprachen der Kunst.

Michael Dummett (geb. 1925) legt monumentale Untersuchungen zu Frege (*Philosophy of Language*, 1973), zur Philosophie der Mathematik (*Elements of Intuitionism*, 1977) und zur Bedeutungstheorie (*The Logical Basis of Metaphysics*, 1991) vor. Gegen den Holismus Quines hält er am Einzelsatz als Basis der Bedeutung fest.

John R. Searle (geb. 1932) entwickelt in *Speech Acts* (1969; *Sprechakte*, 1971) die Sprechakttheorie Austins weiter und behandelt Fragen der Theorie des Geistes in *Intentionality* (1983; *Intentionalität*, 1987) auf eine Weise, die die Eigenständigkeit der mentalen Ebene stark akzentuiert. Diese Entwicklungen der Analytischen Philosophie führen bis in die Gegenwartsdiskussion.

9. Wissenschaftstheorie und Wissenschaftsgeschichte

In Österreich hatte der Physiker und Philosoph Ernst Mach (1838–1916) in seinen viel beachteten Werken *Die Mechanik in ihrer Entwicklung historisch-kritisch dargestellt* (1883), *Die Analyse der Empfindungen und das Verhältnis des Physischen zum Psychischen* (1886) sowie *Erkenntnis und Irrtum. Skizzen zur Psychologie der Forschung* (1905) Wissenschaftstheorie, Erkenntnistheorie und Wissenschaftsgeschichte bereits eng verbunden und wirkte stark auf den Wiener Kreis. Die Wissenschaftstheorie und die Sicht der Wissenschaftsgeschichte in der zweiten Hälfte des 20. Jahrhunderts werden stark vom *Kritischen Rationalismus* Poppers und von den wissenschaftsgeschichtlichen Ansätzen Kuhns, Feyerabends und Lakatos' geprägt.

Karl R. Popper (1902–1994) wird durch seine *Logik der Forschung* (1934) einer der einflussreichsten Philosophen des 20. Jahrhunderts. Er akzentuiert die Bedeutung der Fehlbarkeit des Wissens im Fortschrittsprozess. Dieser Prozess lässt sich als andauernde Abfolge von Versuch und Irrtum (*trial and error*) verstehen. Jede partielle Problemlösung birgt und produziert weitere Probleme. Aus dieser Grundeinsicht folgen die zentralen wissenschaftstheoretischen Rationalitätspostulate Poppers: Erstens muss eine allgemeine Theorie empirisch widerlegt werden können, sie muss falsifizierbar sein. Zweitens sollen die Wissenschaftler aktiv nach solchen Falsifizierungen suchen, anstatt immer nur nach Bestätigung ihrer Theorien zu streben. Somit wird die *kritische Prüfung* zum zentralen methodologischen Prinzip des kritischen Rationalismus. Auf dieser Grundlage wendet sich Popper früh nicht nur gegen das Verifikationsprinzip des Logischen Empirismus des Wiener Kreises und Carnaps, sondern gegen alle dogmatischen Wahrheits- und Geltungsansprüche. Er weitet seine kritische Analyse auch auf die politische Philosophie aus. Bereits im Exil in Neuseeland und angesichts des nationalsozialistischen und des stalinistischen Staatsterrorismus verfasst der 1937 aus Wien emigrierte Popper *The Poverty of Historicism* (1944/45) und *The Open Society and its Enemies* (1945; *Die offene Gesellschaft und ihre Feinde*, 1957/58): Die Unvollständigkeit und Fehlbarkeit menschlichen Wissens verbietet «geschlossene» Konzepte von Plan, Organisation und Ziel der Gesellschaft und Politik, wie sie Popper den klassischen Ansätzen von Platon, Hegel und Marx vorwirft und als gefährliche Irrwege zurückweist. Nur in einer offenen Gesellschaft sind Pluralismus und Demokratie möglich, weil sich die Menschen ihrer Irrtumsanfälligkeit, der Begrenztheit ihres Wissens und ihrer Angewiesenheit auf Korrektur bewusst sind und sie deshalb auf die suggestiven, utopischen Idealvorstellungen Verzicht geleistet haben, die zu den Katastrophen des Totalitarismus führten und führen. Die Methodologie des Falsifikationismus wird so von der Wissenschaftstheorie auf die praktisch-politische Ebene ausgeweitet. Diese Auswirkung erst bewirkte die sehr starke internationale Wirkung der Philosophie Poppers und des Kritischen Rationalismus insbesondere nach dem Zweiten Weltkrieg und in den sich konsolidierenden Demokratien des Westens. Popper wurde an die London School of Economics berufen, wo er bis 1969 wirkte und weitere Hauptwerke verfasste, so *Conjectures and Refutations: The Growth of Scientific Knowledge* (1963) und *Objective Knowledge. An Evolutionary Approach* (1972). Er wurde 1965 in den Adelsstand erhoben. Popper vertieft seinen Ansatz durch eine evolutionäre Erkenntnistheorie. Er rekonstruiert die Entstehung und Entwicklung des menschlichen Erkenntnisvermögens im Kontext der biologischen Evolution und des Darwinismus. Die biologische Selektion wird durch die menschliche Fähigkeit zur Selbstkritik und Sprachfähigkeit fortgeführt und gesteigert. Popper vertritt keinen kausalen Determinismus. Vielmehr eröffnet die Welt einen Möglichkeitsraum, in dem die menschliche Verantwortung und Gestaltung freigesetzt wird (*A World of Propensities: Two New Views of Causality*, 1990).

Das entspricht seiner frühen Kritik am geschichtsphilosophischen Determinismus: Historische Gesetzmäßigkeiten, wie sie z. B. der orthodoxe Marxismus zu erkennen beansprucht, lassen sich nicht begründen. Demgegenüber geht es in der Perspektive der selbstkritischen Vernunft darum, jeweils erkennbare Mängel, Fehler und Übel zu vermeiden und zu beseitigen, anstatt strategisch das Gute und Ideale erzeugen zu wollen. Mit einer solchen Politik des Maßes haben die Menschen bereits genug zu tun.

Hans Albert (geb. 1921) greift Poppers Ansatz in seinem Kritischen Rationalismus auf, so in seinem *Traktat über kritische Vernunft* (1968). Systematisch zentral ist für seine Reflexion das berühmt gewordene *Münchhausen-Trilemma*: Wer hinsichtlich einer Behauptung einen definitiven und gültigen Wahrheitsanspruch erhebt, der verstrickt sich notwendig entweder in einen Dogmatismus oder er muss einen logischen Zirkelschluss begehen oder er gerät in einen unendlichen Regress. Kurz: Letztbegründungen sind unmöglich.

Die wissenschaftsgeschichtlichen Untersuchungen von Thomas S. Kuhn (1922–1996) in seinem sehr einflussreichen Buch *The Structure of Scientific Revolutions* (1962; *Die Struktur wissenschaftlicher Revolutionen*, 1976) führten zur breitenwirksamen Karriere der Begriffe «Paradigma» und «Paradigmenwechsel». Keineswegs nämlich ist die Wissenschaftsentwicklung durch ruhige Kontinuität gekennzeichnet. Vielmehr entwickeln sich im Inneren der etablierten «Normalwissenschaft» Widersprüche, «Anomalien», die schließlich zu einer Krise führen, die eine wissenschaftliche Revolution auslöst – so z. B. im Fall Kopernikus/Galilei. Aus der Revolution geht ein neues «Paradigma» hervor – ein neues Grundmodell, das eine neue Weltsicht, eine neue Sicht des Lebens (Darwin) oder ein neues Verständnis von wissenschaftlichen Grundbegriffen wie «Kraft», «Masse», «Raum» und «Zeit» (Newton/Einstein) ermöglicht. Im Zentrum von Kuhns Analyse steht später der Begriff der *Inkommensurabilität* im Blick auf Theorien (*Commensurability, Comparability, Communicability*, 1982) und die Gründe für ihre Unvereinbarkeit. Wie Wittgenstein lehnt Kuhn eine Korrespondenztheorie der

Wahrheit und des Verhältnisses von Wirklichkeit und Erkenntnis aus sprachkritischen Gründen ab. Auch die Naturwissenschaftsgeschichte zeigt, dass Wissenschaften in sozialen Kooperationskontexten entstehen und entfaltet werden, dass sich ihre «Sprachspiele» in konkreten «Lebensformen» entwickeln. Die Theoretiker suchen auch Bestätigung und ihre Methoden sind auf diese ausgerichtet – so lange, bis eine grundsätzlich andere Sicht die bislang etablierte Theorie sprengt. Analogien zur Religions-, Sozial- und Kunstgeschichte sind durchaus naheliegend. Der von Wittgenstein und Kuhn vertretene, anti-realistische *Internalismus* der Bedeutungskonstruktion wird von Putnam und Rorty weiterentwickelt.

Paul K. Feyerabend (1924–1994) radikalisierte diese Wissenschaftsgeschichtskonzeption noch einmal auf umstrittene Weise, indem er eine anarchistische Variante entwarf: In *Against Method: Outline of an Anarchistic Theory of Knowledge* (1975; *Wider den Methodenzwang*, 1975) argumentiert er gegen jegliche methodische Reglementierung. Mit Wittgenstein und Kuhn weist er auf die bedingte und stets überschreitbare Gültigkeit methodologischer Regeln hin. In *Science in a Free Society* (1978; *Erkenntnis für freie Menschen*, 1979) und *Farewell to Reason* (1987; *Irrwege der Vernunft*, 1989) zieht er aus dieser negativen Wissenschaftstheorie Konsequenzen für die Vielfalt der Wissenschaften wie auch der Kulturen. Feyerabends Konzeption wurde als Plädoyer für Beliebigkeit und Relativismus im Sinne eines «anything goes» missverstanden; er wollte aber für die Freiheit der Wissenschaften eintreten und ebenso ihre Begrenztheit und Irrtumsanfälligkeit betonen. Politisch sollte seine Analyse dazu beitragen, die Wissenschaften wie die Religionen vom Staat zu trennen, ihnen keinen privilegierten Sonderstatus zuzubilligen. Ziel Feyerabends ist ein Pluralismus der Wissenstraditionen, der auch international zu einem friedlichen Pluralismus der verschiedenen Kulturen führen soll.

Imre Lakatos (1922–1974) entwickelt im Kontext der Diskussionen um Popper, Kuhn und Feyerabend ein moderates, eigenständiges Konzept der Falsifikation im Blick auf die Methodologie wissenschaftlicher Forschungsprogramme. Im Hauptwerk

The Methodology of Scientific Research Programms (1978) differenziert er den harten Kern von Theorie und den ihn umgebenden Schutzgürtel von Hypothesen. Auf diese Weise vermag er auch den Begriff der Falsifikation zu differenzieren und ein – gegenüber Kuhn und erst recht Feyerabend – moderateres Modell wissenschaftlichen Fortschritts zu entwerfen.

Paul Lorenzen (1915–1994) begründet als Mathematiker und Philosoph mit Arbeiten zur dialogischen Logik in Erlangen die *Konstruktive Wissenschaftstheorie*. In dieser Logik wird der Begriff der Wahrheit durch den pragmatischen Begriff der Gewinnbarkeit von Dialogen präzisiert. Gemeinsam mit dem Heidegger-Schüler Wilhelm Kamlah (1905–1976) verfasst Lorenzen die *Logische Propädeutik* (1967), in den Bänden *Methodisches Denken* (1968) und *Konstruktive Logik, Ethik und Wissenschaftstheorie* (1974, mit Oswald Schwemmer) formuliert er als Ziel den methodischen Aufbau aller Wissenschaften durch zirkelfreie, Schritt für Schritt gerechtfertigte Konstruktion aus der jedermann verständlichen Alltagspraxis. Eine rationale Grammatik führt so zu einer operativen Logik, zu einer Protophysik, die Geometrie, Zeit- und Massenmessung entwickelt, zu einer Politik als Lehre der widersprüchlichen Ziele und zu einer Ethik, die die Argumentationsmittel für kontroverse Diskussionen bereitstellt. Lorenzen begründet so die Transsubjektivität der Politik und des Modells eines «demokratischen Sozialismus». Von Lorenzen und Kamlah werden Kuno Lorenz (geb. 1932), Oswald Schwemmer (geb. 1941), Carl Friedrich Gethmann (geb. 1944), in Konstanz Friedrich Kambartel (geb. 1935), Jürgen Mittelstraß (geb. 1936) und Peter Janich (geb. 1942) stark beeinflusst.

10. Gesellschaft und Gemeinschaft, Recht und Diskurs

Wichtige Fortschritte und innovative Entwürfe leistet die praktische, die politische und die Rechts- und Sozialphilosophie vor allem auch der zweiten Hälfte des Jahrhunderts. Wesentliche

Ansätze finden sich aber bereits bei Hannah Arendt und in der Sozialphilosophie George H. Meads.

Hannah Arendt (1906–1975) studierte in Marburg und promovierte 1928 bei Jaspers in Heidelberg über den *Liebesbegriff bei Augustin*. 1933 floh sie, die säkularisierter jüdischer Herkunft war, nach Frankreich und arbeitete bis 1949 für die *World Zionist Organisation*. Sie emigrierte in die USA und wurde 1963 Professorin an der *New School für Social Research* in New York. Bewusst verstand sie sich nicht als Philosophin, sondern als politische Theoretikerin. In ihrem Hauptwerk *The Origins of Totalitarianism* (1951) untersucht sie die *Elemente und Ursprünge totaler Herrschaft* (dt. 1955) im Nationalsozialismus und Stalinismus. Beide Gewaltsysteme instrumentalisieren das Individuum völlig und werden durch die entmündigten Massengesellschaften der industrialisierten Moderne mit ermöglicht. 1961 reiste Arendt für das Magazin «The New Yorker» nach Israel, um über den Prozess gegen den führenden Nationalsozialisten Eichmann zu berichten. Aus dieser Zeit stammt ihr berühmt gewordener Text *Eichmann in Jerusalem. Ein Bericht von der Banalität des Bösen* (1963). Ihre These, gedankenloses Mitläufertum auch bei den Führungskräften ohne Schuldbewusstsein spreche für die Trivialität und Banalität auch noch der ungeheuerlichsten Massenverbrechen, wurde heftig diskutiert und auch kritisiert (so von Popper).

Die systematischen, anthropologischen Grundlagen ihrer politischen Theorie entwickelt Arendt in ihrem zweiten Hauptwerk *The Human Condition* (1958; *Vita activa oder Vom tätigen Leben*, 1960) mit intensivem Rückgriff auf Fundamentalunterscheidungen von Aristoteles: Sie unterscheidet mit ihm Arbeiten, Herstellen und Handeln (*techne, poiesis und praxis*). Zentrum der gesellschaftlichen Kooperation und Kommunikation ist die *Praxis*, das kommunikative Handeln freier Personen, das auch immer wieder Neuanfänge eröffnet. In diesem Kontext setzt Arendt an die Stelle der Heideggerschen Endlichkeit und Sterblichkeit und seiner Analyse der «Geworfenheit» in die Welt ihren Grundbegriff der *Natalität,* des Geborenseins. Stets sind den Bürgern des Gemeinwesens neue Entwürfe möglich, sie wissen, dass sie in ihrer kommunikativen Praxis auf Vertrauen angewiesen sind. Während in der antiken Konzeption das Arbeiten und Herstellen dem Handeln unter- und eingeordnet ist, sieht Arendt in der Entwicklung zur Moderne eine Verkehrung dieser humanen Ordnung, indem Techniken, Ökonomie und Fachwissenschaften die Herrschaft übernommen haben. Habermas hebt später hervor, dass seine Konzeption des kommunikativen Handelns wesentlich von Arendt beeinflusst ist.

Für die sozialphilosophische Diskussion und Theoriebildung des 20. Jahrhunderts wurde auch das Werk von Mead sehr wichtig.

George Herbert Mead (1863–1931) wurde durch den Pragmatismus von William James und John Dewey geprägt, er studierte aber auch in Deutschland bei Wilhelm Wundt und Dilthey und entwickelt eine funktionalistische Sozialpsychologie, bei der die sich wechselseitig beeinflussenden Verhaltensformen der Individuen in der sozialen Interaktion als konstitutiv für Bedeutungen analysiert werden. Menschen, ihr Handeln und Verstehen, sind nur in gemeinsamen Handlungszusammenhängen zu begreifen – diese Einsicht begründet den «Symbolischen Interaktionismus» Meads. Im Text *Social Consciousness and the Consciousness of Meaning* (1910) begründet Mead diesen Ansatz, der die Antizipation der Perspektive der Anderen, mit mir interagierenden Personen als konstitutiv auch für die Herausbildung meiner Ich-Identität und meines Selbst freilegt. Die sozialphilosophischen und normativen Implikationen dieser Analyse sind weitreichend und prägen die Intersubjektivitätstheorien des Jahrhunderts nachhaltig.

Zentral für die Thematik ist die Philosophie von John Rawls (1921–2002), der seit 1962 an der Harvard Universität lehrte. Sein Hauptwerk *A Theory of Justice* (1971; *Eine Theorie der Gerechtigkeit*, 1975) entfaltet eine starke Systematik, deren internationale Wirkung außergewöhnlich intensiv ist. Das Buch ist zweifellos eines der wichtigsten Werke des Jahrhunderts. Unter Einschluss seiner späteren Revisionen führt es ins Zentrum der Auseinandersetzung zwischen Formen des Universalismus und des Kommunitarismus, die bis in die Gegenwart reicht.

Der Ansatz von Rawls sieht sich vor der Aufgabe, Prinzipien der ökonomischen und sozialen Gerechtigkeit zu formulieren. Um diese Aufgabe rational begründet zu lösen, führt er ein Gedankenexperiment durch. Er fingiert einen «Urzustand», eine Art Jenseits vor der Schöpfung bzw. der Weltentstehung, in dem alle späteren Mitglieder der Gesellschaft, des Staates, um dessen Prinzipien es geht, bereits versammelt sind. Wie soll, so werden diese Menschen hypothetisch gefragt, die künftige Verfassung der Gesellschaft aussehen, welchen Prinzipien soll sie folgen? Entscheidend für die Triftigkeit des Gedankenexperiments Rawls' ist nun noch folgende fiktive Prämisse, die unter dem Titel «Schleier der Unwissenheit» (*veil of ignorance*) berühmt geworden ist: Die Menschen im Urzustand müssen die Prinzipien herausfinden, ohne etwas Konkretes über sich in der Gesellschaft zu wissen, in die sie – in welcher Gestalt auch immer – kommen werden, ob als Mann oder Frau, Schwarzer oder Weißer, gesund oder krank, Kind oder Greis, arm oder reich, behindert oder nicht, hochbegabt oder wenig leistungsfähig usw. Auf diese Weise wird im Urzustand fiktiv eine Situation geschaffen, in der die künftigen Staatsbürger in Unkenntnis ihrer späteren Interessen und Bedürfnissen die Prinzipien wählen müssen, unter denen sie dann gemeinsam leben wollen. Mit der Fiktion des «Schleiers der Unwissenheit» erreicht Rawls eine Entscheidungssituation höchster Gleichheit und Freiheit aller Beteiligten. Sie sind, wenn sie ihre Entscheidung ernst nehmen, dazu gehalten, sich an die Stelle eines jeden Anderen zu setzen – so, wie es auch Kants Imperativ von ihnen verlangt.

Welche Prinzipien ergeben sich nun nach Rawls durch die Situation des Urzustandes und unter dem Schleier der Unwissenheit? Rawls zufolge sind es zwei Prinzipien, für die sich entschieden wird. Es ist erstens das Prinzip der *Freiheit und Gleichheit* aller. Da ich nicht weiß, wer ich sein werde, werde ich mich auf jeden Fall für meine spätere größtmögliche Freiheit und Gleichheit in der künftigen Gesellschaft entscheiden. Es ist zweitens das Prinzip der sozioökonomischen Gerechtigkeit, das Rawls *Differenzprinzip* nennt. Es besagt näherhin, dass die (faktisch nicht vermeidbaren) Ungleichheiten in der Gesellschaft allesamt so zu gestalten sind, dass sie wiederum letztlich allen zum Vorteil dienen. Genauer soll das Prinzip garantieren, dass Ungleichheit auch den Ärmsten und Bedürftigsten zugute kommen muss. Es ist klar, was dies zum Beispiel steuerrechtlich bedeutet. Mit diesen Prinzipien sind mithin sozialstaatliche wie individualrechtliche Formen der Rechtsordnung notwendig verbunden. Demokratie wie auch wohlfahrtsstaatliche Regelungen folgen aus ihnen. Zugespitzt lässt sich aus dem Urzustand – wenn denn die Konstruktion von Rawls triftig ist – folgendes Postulat ableiten: Die sozioökonomische Organisation der Gesellschaft muss so beschaffen sein, dass es noch ihrem schlechtestgestellten, ärmsten, bedürftigsten Mitglied so gut geht wie irgend möglich.

In Rawls' Theorie kommt dem Freiheitsprinzip stets der unbedingte Vorrang zu. Es darf nicht eingeschränkt werden. In der Gegenwartsdiskussion wird erneut sichtbar, wie fruchtbar und weitreichend die Systematik von Rawls ist. Bedenken wir nur zwei große Problemkontexte, mit denen wir zunehmend konfrontiert sind: die Ökologie und die Altersentwicklung der spätmodernen Gesellschaften. Bedenken wir den Urzustand, so dürfen wir auf keinen Fall die Umwelt für unsere jetzigen Interessen ausbeuten und zerstören – denn wir wissen ja nicht, ob wir zu der Generation gehören werden, die dann bereits die vergifteten Meere und die vernichteten Wälder vorfinden würde. Ebenso ist es mit Blick auf die intergenerationelle Gerechtigkeit. Es darf nicht sein, dass die gegenwärtige Generation sich auf Kosten der kommenden Generationen hoch verschuldet, um ein besonders angenehmes Leben zu führen. Ebenso darf es nicht sein, dass Hochbetagten, Pflegebedürftigen unzulänglich geholfen wird – auch ich bin es, der später vom Notstand betroffen sein kann. Kurz, der Rawls'sche Ansatz ermöglicht die Klärung von Voraussetzungen für eine auch langfristig vernünftige ökologische und soziale Politik.

In seinen späteren Arbeiten nimmt Rawls seinen transzendental-universalistischen Begründungsansatz angesichts des komplexen kulturellen, religiösen Pluralismus der internationalen Situation der Gegenwart zurück. Er versucht nun, die Kernpostulate seiner Gerechtigkeitskonzeption mit dem Modell eines «*overlapping consensus*» in denkbarer Geltung zu halten: Sie müssten die praktischen Grundlagen unseres Zusammenlebens artikulieren, auf die sich letztlich alle Gesellschaften, Kulturen und Religionen einigen können. Sein Hauptwerk führte zu einer sehr intensiven Diskussion, während der sich als große systematische Alternative der *Kommunitarismus* herausbildete, der den abstrakten Universalismus grundsätzlich kritisiert (MacIntyre, Walzer, Taylor, s. u.).

Ein weiterer sehr wirkmächtiger universalistischer Ansatz für die praktische und politische Philosophie wird von Jürgen Habermas (geb. 1929) vorgelegt: die *Diskursethik* auf der Basis einer Theorie der Kommunikation. Habermas arbeitete von 1956 bis 1959 im Institut für Sozialforschung. Durch die Frankfurter Schule wird er motiviert, die Frage nach den Grundlagen einer normativen, kritischen Sozialphilosophie ins Zentrum seiner Reflexion zu stellen. Bereits seine Habilitationsschrift *Strukturwandel der Öffentlichkeit* (1962) und der Band *Theorie und Praxis* (1963) versuchen, kritische Reflexion mit sozialwissenschaftlicher Analyse konkreter gesellschaftlicher Verhältnisse zu verbinden. Seine Untersuchungen zur *Logik der Sozialwissenschaften* (1967), zu *Technik und Wissenschaft als «Ideologie»* (1968) und zu *Erkenntnis und Interesse* (1971) führen dieses Forschungsprojekt konstruktiv weiter. Eine Fundamentalunterscheidung von Habermas bildet sich in dieser Zeit heraus, die für sein weiteres Denken leitend bleibt: Es ist die Unterscheidung von «zweckrationalem» und «kommunikativem Handeln», hinter der die klassischen Unterscheidungen von Technik und Praxis (Aristoteles) und von Verstand und Vernunft (Kant) sichtbar werden. Nach intensiver Auseinandersetzung mit der funktionalen Systemtheorie des Soziologen Luhmann (s. u.) legt er das Hauptwerk *Theorie des kommunikativen Handelns* (1981) vor. In weiteren Untersuchungen arbeitet er kontinuierlich weiter an einer kritischen Gesellschaftstheorie und an einer Diskursethik (*Moralbewusstsein und kommunikatives Handeln*, 1983). Er zielt darauf ab, seine praktische Grundlagenreflexion auf die Ebene des Rechts auszuweiten (*Faktizität und*

Geltung, 1992; *Die Einbeziehung des Anderen*, 1996). Damit verbindet er fortlaufende Analysen zur politischen Entwicklung der modernen Gesellschaften.

Wie lassen sich die Grundgedanken von Habermas verstehen? Menschliche Erkenntnis und die damit verfolgten Interessen lassen sich nicht trennen, wohl jedoch differenzieren: Im Zentrum stehen technische, praktische und kritisch ausgerichtete Erkenntnisinteressen, die zu den Natur- und zu den Kulturwissenschaften bzw. zur kritischen Philosophie führen. Grundlage aller dieser Erkenntnismöglichkeiten ist die menschliche Sprachfähigkeit, die kommunikative Kompetenz. Auf diese Weise nimmt Habermas die sprachphilosophische Wende auf. Für seinen sprachpragmatischen Ansatz nutzt er die Kernthese der Sprechakttheorie von Searle und Austin: Unser *Sprechen* ist ein konkretes, praktisches *Handeln*, dem jeweils ein spezifischer «Geltungsanspruch» innewohnt: so, wenn wir etwas behaupten, wünschen, fordern, begrüßen oder ablehnen. Es lassen sich nun nach Habermas insbesondere vier Grundformen von Sprechakten durch ihre Geltungsansprüche unterscheiden: die Kommunikativa, die Konstativa, die Repräsentativa (Expressiva) und die Regulativa. Deren implizite Geltungsansprüche sind zu rekonstruieren als das sinn- und bedeutungskonstitutive Interesse an der *Verständlichkeit* der verwendeten sprachlichen Ausdrucksformen (Rede, Schrift) an der *Wahrheit* der gebrauchten Sätze, an der *Wahrhaftigkeit* dessen, der die Sprache verwendet, schließlich an der *Richtigkeit* der geäußerten Normen und Werte. Diese Rekonstruktion besagt: Stets, wenn wir die Sprache in der alltäglichen Lebenspraxis verwenden, um uns und unsere Interessen und Meinungen zu artikulieren, erheben wir diese Geltungsansprüche, und damit beanspruchen wir auch ihre Anerkennung durch unsere Gesprächspartner. Es lassen sich somit weitreichend *normative Implikationen* unserer alltäglichen Kommunikation analysieren, die sich auch als (transzendentale) Bedingungen der Möglichkeit unserer Verständigung begreifen lassen.

Auf der Grundlage dieser Analyse entwickelt Habermas nun die Konzeption einer «idealen Sprechsituation». Wie müsste eine Sprechsituation näherhin beschaffen sein, die diesen normativen Implikationen optimal entsprechen würde? Um diese Frage zu beantworten, erweist sich die Konstruktion einer Situation von idealer Freiheit und Gleichheit als erforderlich. Diese Situation ist eine der idealen Symmetrie: Alle Teilnehmer an ihr haben völlig gleiche Chancen, die Sprechakte zu verwenden und gestehen sich dies auch wechselseitig völlig uneingeschränkt zu.

An dieser Stelle berührt sich Habermas' Denken ganz eng mit der von Apel entwickelten *Transzendentalpragmatik*. Karl-Otto Apel (geb. 1922) hatte in seiner *Transformation der Philosophie* (1973) Kants Transzendentalphilosophie mit dem Pragmatismus von Peirce zusammengeführt und so eine *Konsenstheorie der Wahrheit* entworfen, bei der die intersubjektive Geltung alle Kommunikation konstituiert. Die transzendentalen Geltungsimplikationen der Kommunikation enthalten für Apel bereits die Grundlagen einer kommunikativen, universalen Ethik. Diese ist unabhängig von jedweden materialen Bedingungen des menschlichen Lebens, somit frei von jeglichem Aristotelismus und gleichsam ultrakantisch. Die universalistische Ethik der normativen Implikationen seiner Transzendentalpragmatik erhebt bei Apel einen Anspruch auf «Letztbegründung» – gerichtet auch gegen den Kritischen Rationalismus und das Münchhausen-Trilemma. Hans Albert kritisiert Apel denn auch als zirkulär und dogmatisch: Die ideale Kommunikationsgemeinschaft fungiere wie ein «hermeneutischer Gott» (*Transzendentale Träumereien*, 1975).

Habermas, der mit Apel eng kooperierte, verzichtet gleichwohl auf dessen transzendentalen Letztbegründungsanspruch. Es geht ihm durch seine sozialwissenschaftliche Orientierung um die stärkere und konkrete Vermittlung der Diskursethik mit der gesellschaftlichen Praxis, mit der Politik und den Institutionen. In diesem Kontext entfaltet er seine Kritische Theorie der Gesellschaft mit einer weiteren Fundamentalunterscheidung: Er greift den Husserlschen Grundbegriff der «Lebenswelt» auf und differenziert im Blick auf die moderne Gesellschaft grundlegend «System» und «Lebenswelt». Das «System» bildet die funktionalen, instrumentellen Erhaltungs- und Reproduktionsstrukturen der Gesellschaft; die «Lebenswelt» ist die normative, intersubjektive, kommunikative Basis der Gesellschaft, die Ebene der konkreten Lebenspraxis (entfaltet in *Legitimationsprobleme im Spätkapitalismus*, 1973). Die modernen Gesellschaften sind nun durch einen ständigen Komplexitätszuwachs aller ihrer systematischen Strukturen (Verwaltung, Bürokratie, rechtliche Regelungen, Einsatz von Techniken, Steigerung der Vernetzung ökonomischer Prozesse, Auswirkung der Weiterentwicklung wissenschaftlicher Forschungen in Technik und Medizin usw.) charakterisiert. Diese Entwicklungen bringen einerseits sinnvolle Erweiterungen der Handlungsmöglichkeiten innerhalb der Lebenswelt mit sich (so mehr Zugang zu Information und mehr Kommunikationsmöglichkeiten, bessere Reisemöglichkeiten), andererseits aber ist mit ihnen die evidente Gefahr einer – so der von Habermas eingeführte, bekannt gewordene Begriff – «Kolonialisierung der Lebenswelt» verbunden, die Gefahr also einer entfremdenden, verdinglichenden Usurpation der konkreten menschlichen Lebensverhältnisse durch systemische, technische, bürokratische, ökonomische Imperative, die sich im Zuge der Komplexitätssteigerung verselbstständigt haben. Habermas akzentuiert dabei in seinen Analysen stets die starke interne Verbindung und Vernetzung von «System» und «Lebenswelt». Es liegt ihm fern, «System» und «Lebenswelt» als «Entfremdungsstruktur» versus «authentische humane Welt» bloß gegeneinanderzusetzen. Vielmehr durchdringen sich diese beiden Dimensionen der Gesellschaft. Aber gerade deswegen gilt es, die institutionellen Organisationsformen auf allen Ebenen normativ-kritisch zu beurteilen und an ihre diskursive Legitimierung zurückzubinden. So wird sehr deutlich, wie weit sich Habermas bewusst und produktiv systematisch von dem extremen Negativismus der fundamentalistischen Gesellschaftskritik der klassischen Kritischen Theorie der Frankfurter Schule Adornos («Es gibt kein richtiges Leben im falschen») und Horkheimers («Sehnsucht nach dem ganz Anderen») entfernt. Habermas' Vermittlungsansatz führte sogar dazu, dass er in der Presse als «Hegel der Bundesrepublik» bezeichnet wurde.

Diesen Ansatz seiner Systematik verstärkt Habermas noch

in seinen weiterführenden Studien zur Rechtsphilosophie, so im Werk *Faktizität und Geltung* und in den Untersuchungen zur *Einbeziehung des Anderen*. Wie lässt sich die Diskursethik rechtstheoretisch konkretisieren? Aus der Diskurstheorie folgt, dass nur Rechtsnormen institutionalisiert werden dürfen, die in einem freien, rationalen Diskurs die Zustimmung aller von diesen Normen Betroffenen finden. Dieses Grundprinzip versteht Habermas als *Demokratieprinzip*, dessen normative Implikationen er wiederum in einer komplexen Analyse von fünf Gruppen von Grundrechten freilegt. Es sind dies die Freiheitsrechte, die Teilhaberechte, die Prozessgrundrechte, die Rechte auf chancengleiche Mitwirkung an den Verfahren der Gesetzgebung, schließlich die sozialen und ökologischen Existenzgrundrechte. Mit diesen Analysen entspricht Habermas im wesentlichen der deutschen Verfassung und den Grundlagen eines prozeduralen Rechtsstaats. Daher plädiert er auch für einen «Verfassungspatriotismus», der keineswegs rational begrenzt verstanden werden sollte, sondern in der Perspektive des diskursethischen Universalismus. In vielen weiteren Texten argumentiert Habermas auf der entfalteten systematischen diskursethisch-rechtstheoretischen Basis für eine Vermittlung von Gerechtigkeit und Solidarität in der Perspektive einer europäischen Verfassung, für die Bedeutung der Menschenrechte im Prozess der Globalisierung und für die Fortführung der Leistungen von Aufklärung und Moderne (*Zur Verfassung Europas*, 2011). Die Gegenpositionen des nationalen Kommunitarismus (MacIntyre, Taylor), des Funktionalismus und Strukturalismus (Luhmann, Foucault) wie auch des Relativismus und Postmodernismus (Rorty, Derrida) bilden für ihn über viele Jahre Gesprächpartner, so dass seine philosophische Arbeit auch ein Beispiel für das diskursethische Grundmodell gibt. Axel Honneth (geb. 1949) setzt die sozialphilosophische und rechtstheoretische Grundlagenreflexion fort, so im Buch *Das Recht der Freiheit. Grundriss einer demokratischen Sittlichkeit* (2011).

Der deutsche Soziologe Niklas Luhmann (1927–1998) entwickelt in vielen Arbeiten eine funktionale Systemtheorie der Gesellschaft. Sinnvoll sind soziale Ordnungen, die eine Reduktion von Komplexität leisten und so Lebensprozesse ermöglichen und erhalten. Diese Ordnungen sind nach Luhmann die Systeme bzw. Subsysteme der Gesellschaft, die von ihm nicht mehr in Bezug auf Individuen, Personen, autonome Subjekte und Kategorien des Selbstbewusstseins gedacht werden, sondern als selbstreferentiell (*Soziologische Aufklärung* I–VI, 1970–1995; *Gesellschaftsstruktur und Semantik. Studien zur Wissenssoziologie der modernen Gesellschaft* I-V, 1980–1995). In der Kontroverse mit Habermas, aus welcher der Band *Theorie der Gesellschaft oder Sozialtechnologie – was leistet die Systemforschung?* (1971) entsteht, wird dieser systemtechnologische Bruch mit der europäischen Tradition von Vernunft und Selbstbewusstsein von Habermas kritisch diskutiert und einer kritischen Theorie der Gesellschaft mit emanzipatorischem Anspruch gegenübergestellt.

Als große systematische Alternative zum kommunikationstheoretischen praktischen Universalismus entwickelt sich ein Neo-Aristotelismus, in Deutschland initiiert durch Joachim Ritter und seine Schule (s. u.), im anglo-amerikanischen Bereich vornehmlich durch Alasdair MacIntyre (geb. 1929) mit seinem Hauptwerk *After Virtue: A Study in Moral Theory* (1981; *Der Verlust der Tugend. Zur moralischen Krise der Gegenwart*, 1987) und die sich herausbildende, gegen einen einseitigen Liberalismus gerichtete Schule des Kommunitarismus, der die Rechte von Gemeinschaften und Gruppen in der demokratischen Zivilgesellschaft reflektiert. MacIntyre entwirft seinen Aristotelismus auf dezidiert aufklärungs- und modernekritischer Basis, nachdem er in früheren Texten bereits Marxismus und Liberalismus kritisiert hatte. Er will zeigen, dass der abstrakte Rationalismus der Aufklärung ohne Grundlagen in der lebensweltlich tradierten Praxis zu modernen Formen des bloß technischen Instrumentalismus auf allen Ebenen führt, dessen schädliche, belastende Konsequenzen dann nur noch therapiert werden können. Demgegenüber weist die zu erneuernde Tugendethik des Aristoteles den Weg, die gesamte Lebenspraxis konkret als sinngerichtet und erfüllungsbezogen zu begreifen und diese Teleologie des guten Lebens narrativ in Traditionen zu verankern. Der Neokonservativismus MacIntyres wurde als unfähig kritisiert, die Herausforderungen der Moderne zu bewältigen. Auch Ronald M. Dworkin (geb. 1931) und Michael Walzer (geb. 1935), Charles Taylor (s. u.), Michael Sandel (geb. 1953) und Martha C. Nussbaum (geb. 1947) vertreten kritisch modifizierte kommunitaristische Ansätze. Dworkin argumentiert in seinem Hauptwerk *Law's Empire* (1986) für eine enge Verbindung von Recht und Moral und arbeitet in weiteren Analysen die Konsequenzen dieser Verbindung z. B. für die Abtreibungs- und die Euthanasiedebatte aus. Walzer vertieft die Liberalismus-Kommunitarismus-Kontroverse mit seinen kontextualistischen Analysen zur distributiven Gerechtigkeit und zur «komplexen Gleichheit» im Werk *Spheres of Justice* (1983).

11. Strukturalismus, Diskursanalyse, Postmoderne und Dekonstruktion

Am Beginn der großen Tradition des französischen Strukturalismus stehen die Sprachanalysen des bedeutenden Linguisten Ferdinand de Saussure (1857–1913). Er zeigt, dass das Sprachsystem aus formalen Strukturen besteht, die einen internen Funktionszusammenhang bilden. Dieses funktionale System ist völlig unabhängig von den es verwendenden Individuen rekonstruierbar, so dass seine Strukturen inter- und transsubjektiv allererst die Kommunikation selbst ermöglichen. Die Ordnungsprinzipien der Sprache sind dieser implizit. Sie zeigen sich in der Grammatik und in deren formalem Aufbau und gehen der faktischen Sprachverwendung durch einzelne Menschen, diesen unbewusst, voraus. Genauer zeigt de Saussure in einer Vielzahl von Einzelanalysen, dass und wie sich semantische Felder mit Oppositions- und Kontrastbeziehungen bereits auf der Basis kleinster Einheiten (Laute, Phoneme) auffinden lassen, die die gesamte Sprachpraxis strukturieren.

Claude Lévi-Strauss (1908–2009) wendet die strukturalistischen Methoden auf gesellschaftliche Organisationsformen und auf die Ethnologie an, auf das Inzesttabu, auf das Denken vormoderner Gesellschaften (*La pensée sauvage*, 1962), schließlich umfassend auf das mythische Denken (*Mythologiques* I–IV, 1964–1971); *Mythologica* I–IV, 1971–1975). Es lassen sich Fundamentalunterscheidungen im Mythos finden («Natur/Kultur», «roh/gekocht», «Nackheit/Kleidung», «Honig/Asche»), die sich strukturalistisch interpretieren lassen. Die aufgewiesenen Ordnungsstrukturen sind dem Anspruch nach universal und invariant, sie konstituieren die Lebens- und Praxisverständnisse der Menschen innerhalb der untersuchten Gesellschaften, ohne diesen bewusst zu sein. Wie die Formen der Phonetik und Grammatik bei de Saussure sind die in den Mythen implizit präsenten Strukturen geltend und wirksam nur aufgrund ihrer Form, ohne inhaltliche Fixierung. Da sie – hier rezipiert Levi-Strauss intensiv Freud – unbewusst wirken, spricht er auch von einem Kantianismus ohne transzendentales Subjekt. Der Strukturalismus eliminiert so auf sozialphilosophischer und geltungshermeneutischer Ebene jegliche Bewusstseinsphilosophie und jeglichen erkenntnistheoretischen Subjektivismus.

Der Psychoanalytiker Jacques Lacan (1901–1981) wird stark vom Strukturalismus beeinflusst, den er zur Interpretation der eigenständigen Ordnungsmacht des (Freudschen) Unbewussten verwendet. Die Dominanz der Strukturen des Unbewussten wird von Lacan so stark akzentuiert, dass sie die traditionellen Erkenntnistheorien von Descartes bis Kant aushebelt. Das «Ich denke, also bin ich» wird zum Ort der Selbstverkennung. «Ich denke, wo ich nicht bin, deshalb bin ich, wo ich nicht denke» – so formuliert Lacan polemisch. Im Unbewussten spricht ein authentisches Subjekt des Begehrens mit all seinen Ängsten und Mängeln, das gegen das scheinhafte Ich rationaler Identität und Autonomie gestärkt werden muss. Der Ansatz von Lacan richtet sich daher gegen Freuds therapeutisches Ziel der Wiederherstellung der Ich-Identität. Er versucht, in seiner berühmt gewordenen Analyse des *Spiegel-Stadiums* zu zeigen, dass das Kleinkind durch die Wahrnehmung seines Spiegelbildes eine imaginäre Identitätsvorstellung ausprägt, die zur Selbstverfehlung führt (*Das Spiegelstadium als Bildner der Ichfunktion*, 1949). Ferner übersetzt er Grundbegriffe aus Freuds Traumanalyse (Verschiebung, Verdichtung, Traumarbeit) in sprachanalytische Kategorien (Metapher, Metonymie), weil er den kindlichen Selbstwerdungsprozess in enger Verbindung mit dem Spracherwerb thematisiert (*Funktion und Feld des Sprechens und der Sprache in der Psychoanalyse*, 1953).

Louis Althusser (1918–1990) übersetzt die Marxschen Kapitalanalysen in seiner Schrift *Pour Marx* (1965; *Für Marx*, 1968) und gemeinsam mit E. Balibar in seinem Hauptwerk *Lire le capital* (1968; *Das Kapital lesen*, 1972) in strukturalistische Begriffe. Insbesondere versucht er, ein schematisches, dualistisches Verständnis des Verhältnisses von Basis und Überbau durch eine intern viel komplexere Struktur von Wechselwirkungen zwischen Politik, Ökonomie und Kultur zu ersetzen. Der Überbau ist nicht lediglich als durch die Basis bewirktes Anhängsel der ökonomischen Basis zu verstehen. Wohl jedoch verfehlen subjektzentrierte Analysen die gesellschaftliche Realität.

Michel Foucault (1926–1984) war stark von Hegel, von der Phänomenologie Husserls und Heideggers, von der Psychopathologie und von Nietzsche beeinflusst. Er versucht, die Grundlagen unserer kulturellen Selbstverständnisse zu rekonstruieren und unternimmt diese Rekonstruktion weder allein empirisch-sozialwissenschaftlich noch mit starken geschichtsphilosophischen Prämissen. Vielmehr bezieht er sich in seinen Untersuchungen auf paradigmatische Grenzbereiche der gesellschaftlichen Praxis, die dennoch und gerade für die Herausbildung der Selbstverständnisse der europäischen und anderer Gesellschaften wesentlich und sehr aufschlussreich sind; es sind die Bereiche des Wahnsinns, der Krankheit, des Verbrechens und der Sexualität. Die frühen Arbeiten zur Geschichte des Wahnsinns (*Histoire de la folie à l'âge classique*, 1964), zur Geburt der Klinik (*Naissance de la clinique*, 1963) und über Worte und Dinge (*Les mots et les choses,* 1966) unternehmen eine «Archäologie» unseres Wissens und der Erkenntnismöglichkeiten der Kulturwissenschaften. Dieser Ansatz fand sofort viel Aufmerksamkeit, so dass Foucault in Frankreich bald als bedeutender Kontrahent des sehr dominierenden Sartre erschien. Er wurde 1970 auf eine für ihn geschaffene Professur für die «Geschichte der Denksysteme» am Collège de France berufen und vertiefte seine Diskursanalyse durch die zentrale Frage danach, welche Machtstrukturen auf die Diskurse wirken und diese prägen. Foucault übernahm Gastprofessuren in vielen Ländern und war an vielen politischen Aktionen, auch von Befreiungsbewegungen u. a. in Polen, Spanien, Persien, Brasilien beteiligt.

Der leitende Grundgedanke von Foucaults Denken bezieht die Analyse der Herausbildung (mit Nietzsche: Genealogie) der okzidentalen Rationalität auf die gleichzeitig erfolgende abgrenzende Entstehung der Irrenhäuser, Krankenhäuser und der Gefängnisse in den Werken *Folie et déraison. Histoire de la folie à l'âge classique* (1961; *Wahnsinn und Gesellschaft. Eine Geschichte des Wahns im Zeitalter der Vernunft*, 1969), *Naissance de la clinique. Une archéologie du regard médical* (1963; *Die Geburt der Klinik. Eine Archäologie des ärztlichen Blicks*, 1973), *Surveiller et punir. La naissance de la prison* (1975; *Überwachen und Strafen. Die Geburt des Gefängnisses*, 1976). Foucault zeigt auf diese – durch empirische sozialwissenschaftliche Forschung gestützte – Weise, wie sich die Identitätskonstitution des normalen Ich bzw. Selbst im und durch den Prozess der Institutionalisierung von Ausgrenzung abweichender Lebensformen vollzieht. Diese von Foucault als Archäologie bezeichnete Rekonstruktion genealogischer Ursprungsprozesse lässt sich näherhin als Herausbildung von Formen der Sprache und des je sozial etablierten Wissens verstehen, die er *Diskurse* nennt. (*Les mots et les choses. Une archéologie des sciences humaines*, 1966; *Die Ordnung der Dinge. Eine Archäologie der Humanwissenschaften*, 1971; *L'ordre du discours*, 1971; *Die Ordnung des Diskurses*, 1974). Diskurse ermöglichen bestimmte Aussagen und gehören zu bestimmten Praxisformen. Weder lässt sich der Status der Foucaultschen Diskursanalyse formal-strukturalistisch verstehen, noch lassen sich seine Analysen lediglich hermeneutisch als Interpretationen einordnen. So lassen sich die Einrichtung der Irrenhäuser, die Praxis der Internierung auffälliger Personen, die Kriterien ihrer Auswahl, die Gestaltung der

Formen des Verhältnisses zwischen den behandelnden Ärzten und den als wahnsinnig Qualifizierten konkret erfassen und sich in historischer Analyse die Herausbildung des Diskurses «Wahnsinn» aufklären. Foucaults Weiterentwicklung der Diskurs- durch die Machtanalyse und sein Begriff der Genealogie sind stark von Nietzsches Konzeptionen der «Genealogie der Moral» und des «Willens zur Macht» geprägt. Die Entstehung und Institutionalisierung der Diskurse des Wahnsinns, der Krankheit, des Verbrechens wie auch der Sexualität sind stets mit gesellschaftlich organisierten Machtverhältnissen ganz eng verklammert – *Wissen ist Macht*. Dabei ist die interne Wechselwirkung der Diskursformationen und der jeweiligen Machtstrukturen komplex und subtil. Foucault versucht, sie durch eine «Mikrophysik der Macht» zu erfassen. Auch seine Analysen zum Überwachen und Strafen zeigen, wie sich die Beichtpraxis (auf der Basis der kirchlichen Macht) zur säkularen Praxis des Verhörs, des Geständnisses, des Gerichtsverfahrens, der Verurteilung (auf der Basis der staatlichen Gesetzesmacht) wandelt. In veränderter Gestalt werden die Formen abweichenden Verhaltens in modernen Diskursen der Therapie in Medizin und Psychologie aufgenommen. Das jeweilige Zusammenwirken von Macht und Wissensdiskursen ergibt in Foucaults Terminologie hierfür: *Dispositive*. In seinen späteren Werken zur Sexualität (*Histoire de la sexualité*, 1976–84) und insbesondere im dritten Band *Le souci de soi* (*Die Sorge um sich*, 1986) treten emanzipatorische Aspekte einer ethischen und politischen, menschlichen *Selbstsorge* ins Zentrum, deren Grundlage in der antiken Ethik der Lebenspraxis entfaltet wurden. Foucault fragt (auch vor dem Hintergrund seines eigenen politischen Engagements), wie sich in unserer Gegenwart Praktiken der Befreiung und einer gelingenden Selbstsorge denken und konkretisieren lassen.

Foucaults Wirkung war durch seine spezifische Methode wie Thematik für die Diskussionen der zweiten Hälfte des Jahrhunderts außergewöhnlich stark, auch auf Philosophen wie Derrida, Deleuze und Lyotard, auf Giorgio Agamben und Judith Butler.

In konstruktiven Rezeptionen Foucaults wird gewürdigt, dass

in modernen Gesellschaften unter dem Deckmantel freier und gleicher Rechtsverhältnisse auf allen Ebenen Disziplinierungs-, Kontroll- und Normierungsprozesse wirken, in denen sich Machtinteressen auswirken: In den Familien, Schulen, Krankenhäusern, überall im alltäglichen und institutionalisierten Leben.

Richard Rorty (1931–2007) aus New York wurde anfangs durch die Metaphysikkritik des Logischen Empirismus von Carnap in Chicago beeinflusst, ebenso von dessen Schüler Hempel in Yale. Aber er übernahm nicht die Wissenschaftsorientierung der Wiener Schule. 1967 gab er den erfolgreichen Sammelband *The Linguistic Turn* heraus, in dem Kerntexte der sprachanalytischen Philosophie versammelt sind. In seinem Vorwort blickt Rorty bereits auf die sprachanalytische Wende der Philosophie als einen abgeschlossenen Prozess zurück. Diese kritisch-distanzierte Haltung bleibt für sein Denken bestimmend. Im Hauptwerk *Philosophy and the Mirror of Nature* (1979; *Der Spiegel der Natur*, 1981) wendet er sich in der Tradition der Erkenntniskritik von Heidegger und Wittgenstein ganz grundsätzlich gegen eine Abbildtheorie der Erkenntnis, wie sie vor allem durch den cartesischen Dualismus von Subjekt und Objekt ontologisch und bewusstseinsphilosophisch zum Paradigma wurde. In diesem Paradigma, das Neuzeit und Moderne prägt, verstehen sich auch die modernen Naturwissenschaften. Auch sie werden durch das Bild geleitet, der menschliche Geist sei ein «Spiegel der Natur», der wiedergibt, was vor ihm in der Wirklichkeit gegeben ist. Metaphysik, Ontologie, Bewusstseinsphilosophie, Erkenntnistheorie, die Naturwissenschaftstheorie des Logischen Empirismus – sie alle setzen dieses Abbildverhältnis voraus. Es ist wichtig, dass Rorty diese Problematik auch noch für die kritische Transzendentalphilosophie ausmacht, wenn diese beansprucht, die universalen Möglichkeitsbedingungen von Erkenntnis überhaupt zu bestimmen. Rorty geht noch weiter, denn er dehnt in der Tradition Nietzsches seine kritische Skepsis sogar auf alle Wahrheitsansprüche aus. Seine «postanalytische» Philosophie nimmt Ansätze der Hermeneutik und des amerikanischen Pragmatismus auf. Wir haben als endliche Menschen keine Möglichkeit, die Welt vom «Gottesstandpunkt» aus (*from God's eyes point of view*) rein objektiv zu sehen. Immer ist unser Wissen perspektivisch, es ist von unseren Interessen, Bedürfnissen, Annahmen und Vormeinungen geprägt, die nur in unserem jeweiligen kulturellen Kontext überhaupt verstehbar sind. Rorty versteht sich in der *therapeutischen* Tradition seiner «Lieblingsphilosophen» James, Dewey, Heidegger und Wittgenstein: Im Abbilddenken hält uns (mit Wittgenstein) ein Bild «gefangen», aus dem wir uns nicht befreien können. Aber wir müssen Abschied nehmen von universellen Wahrheits- und Geltungsansprüchen. Nur in den jeweiligen Handlungskontexten lassen sich pragmatische Kriterien hinsichtlich jeweiliger Ziele angeben. Rorty nimmt auch Freuds Psychoanalyse auf: Auch wir selbst erkennen uns nur unzulänglich, können das Innere unserer Natur nicht durchschauen. Ein kultureller, individueller, kontextueller, pragmatischer Relativismus auf allen Ebenen der Erkenntnis ist die Konsequenz dieser kritischen Einsichten.

In seinem zweiten Hauptwerk *Contingency, Irony, and Solidarity* (1989; *Kontingenz, Ironie und Solidarität*, 1989) entwickelt Rorty die praktischen und politischen Konsequenzen seiner Erkenntniskritik. Da niemand einen übergeordneten Standpunkt für sich beanspruchen kann – weder durch religiöse noch durch wissenschaftliche Geltungen legitimiert –, sind der Verzicht auf solche Ansprüche und die Toleranz gegenüber Andersdenkenden erforderlich. Eine wirklich liberale Gesellschaft lebt von diesem Verzicht. Es gilt, unsere kulturellen Kontingenzen zu begreifen. Dann werden wir, so Rorty, auch gleichsam zum Humor befreit. Wir können nämlich ein distanziertes, ironisches Verhältnis zu uns selbst und unseren (auch den tiefsten) Überzeugungen gewinnen. In der sich so verstehenden liberalen demokratischen Zivilgesellschaft gilt die Devise «Freiheit statt Wahrheit», in ihr vermag sich daher *Solidarität* zwischen allen Bürgern herauszubilden. Auf diese Weise vermag Rorty gerade inmitten seines radikalen Relativismus und Skeptizismus das Idealbild einer liberalen Gesellschaft und einer *Kultur ohne Zentrum* (1993) zu entwerfen.

Die Weiterentwicklung der sprachanalytischen Philosophie

durch Quine und Sellars bestärkt diese Erkenntniskritik, denn sie zeigt, dass sich sprachliche Bedeutung und der Sinn von Sätzen nur im Kontext der jeweiligen pragmatischen Sprachverwendung überhaupt erfassen lassen. Dieser *Holismus* – die Berücksichtigung des gesamten sozialen Kontexts des Sprachgebrauchs – der Bedeutungsanalyse entspricht nach Rortys Verständnis seinem Relativismus.

Aufgrund seiner Wahrheits- und Erkenntniskritik und seines Relativismus wurde Rorty alsbald der Abschied von der Philosophie («philosophischer Selbstmord») vorgeworfen. Rorty entsprach diesen Vorwürfen: Er verließ 1992 das philosophische Department von Princeton und wurde Professor für Kulturwissenschaft in Virginia. Von 1998–2005 war er Professor für vergleichende Kulturwissenschaft an der Stanford University in Kalifornien. In Kontroversen mit Putnam und Habermas steht der Relativismusvorwurf im Zentrum. Das klassische Gegenargument ist das der scheiternden Selbstanwendung: Wer so konsequent kritisch argumentiert wie Rorty, der erhebt zweifellos selbst genuine Wahrheits- und Geltungsansprüche. Denn: Welchen Status sollte die ausgearbeitete Erkenntniskritik haben? Den Status von Literatur, von Dichtung? Und weiter: Wer an der liberalen Zivilgesellschaft partizipiert, der muss seinen Mitbürgern aufgrund seiner Toleranz doch ihre – gegebenenfalls religiösen, wissenschaftlichen – Wahrheitsansprüche zugestehen. Und er müsste eigentlich – aufgrund seines Skeptizismus in der reflexiven Selbstanwendung – so weit gehen können, die Irrtumsvermutung auf seine eigene Skepsis und Wahrheitsanspruchskritik auszudehnen. Was bleibt dann? Konsequent beruft sich Rorty provokativ auf seinen amerikanischen Kontext und auf die amerikanische Verfassung.

Auf andere Weise werden Relativismus und die Zurücknahme universalistischer Wahrheitsansprüche in Frankreich von Philosophen wie Deleuze, Lyotard und Derrida befördert, indem sie die Traditionen der Moderne in Zweifel ziehen und geradezu programmatisch eine Zeit nach ihr ankündigen: Die *Postmoderne*. Methodisch setzt diese neue Epoche auch den Abschied von in der Moderne erfolgreichen Methodenlehren voraus, in Frankreich insbesondere vom dominierenden Strukturalismus. Es folgt daher der *Poststrukturalismus*. In der Zeit der Herausbildung der Postmoderne, die geradezu zu einer Modeerscheinung der Kultur avancierte, wurde es üblich, das Ende, den Untergang oder den Tod nahezu aller klassischen Paradigmen zu verkünden. Nach dem stilbildenden Vorbild von Nietzsches Proklamation «Gott ist tot» wurde im Umfeld der Jahrtausendwende (auch das sicher ein Grund für große Transformationsvorstellungen) alsbald das «Ende des Subjekts», das «Ende der Geschichte» und wiederum der Untergang Europas (Vorbild: O. Spengler, *Der Untergang des Abendlandes*, 1918) vorausgesagt.

Gilles Deleuze (1925–1995) kooperierte mit Foucault (auch bei politischen Aktionen) und mit dem Psychoanalytiker Pierre-Felix Guattari (1939–1992), mit dem er *L'Anti-Oedipe* (1972; *Anti-Ödipus*, 1974) verfasste. Gegen dualistische Grundunterscheidungen bei Marx und Freud werden Produktion bzw. Trieb und Wunsch als differentielle Bewegungen neu beschrieben, die in variierende Formen der Sprache, der Ökonomie und der Sexualität übergehen, sich verschieben und verketten. Bereits in *Différence et répétition* (1968; *Differenz und Wiederholung*, 1992) und *Logique du sens* (1969; *Logik des Sinns*, 1989) entwickelt Deleuze ein nicht-abbildtheoretisches, nicht-repräsentationalistisches Verständnis von Differenz und Wiederholung in Sprache und Praxis und ein nicht-subjektivistisches Verständnis von Anschauung und Erfahrung, das er als transzendentalen Empirismus bezeichnet. Philosophie ist eine Erfindungskunst (*ars inveniendi*) für Begriffe, die die intensive Komplexität und Mannigfaltigkeit der sich ereignenden Wirklichkeit zu artikulieren vermögen. In seiner Ästhetik wendet sich Deleuze neben der modernen Kunst (Beckett, Kafka, Proust) dem Film zu, in dem die differentielle Bewegtheit anschaulich bewusst wird.

Jean-François Lyotard (1924–1998) wird international durch sein Buch *La Condition postmoderne* (1979; *Das postmoderne Wissen*, 1999) bekannt. Der Begriff «Postmoderne» macht Karriere und wird in den 1980er Jahren zum Epochentitel. Was besagt er? Lyotard argumentiert für den Abschied von allen bisher die Weltgeschichte dominierenden «großen Ideologien». Er will keine neue Epoche bezeichnen, sondern die geistige Befindlichkeit der Gegenwart nach dem «Ende der großen Erzählungen» erfassen. Diese Erzählungen (Christentum, Kapitalismus, Sozialismus, Marxismus und Kommunismus, technologische Revolution) strebten in Neuzeit und Moderne stets danach, alle kleineren Erzählungen zu vereinnahmen und zu unterdrücken. Demgegenüber gilt es, so Lyotard in *Le différend* (1983; *Der Widerstreit*, 1989), die Komplexität und Inkommensurabilität der unterschiedlichen kategorialen Kontexte und Sprachspiele herauszuarbeiten und zu würdigen. Die ursprüngliche Bedeutung von «Postmoderne» ist also kein trauernder Abgesang auf die Moderne, sondern ein dezidiertes Plädoyer für einen Differentialismus, der die Moderne in ihrer Vielschichtigkeit neu durcharbeiten und aneignen soll. Das Konzept des Widerstreits versucht, mit Kant und Wittgenstein einen radikalen Pluralismus heterogener und inkommensurabler Diskursarten zu denken. Es richtet sich so explizit gegen Habermas' Diskursethik und Konsenstheorie der Wahrheit. In seiner Ästhetik wertet Lyotard die Kategorie des Erhabenen auf, um moderne Avantgarden zu analysieren (*Leçons sur l'analytique du sublime*, 1991; *Die Analytik des Erhabenen*, 1994). Die Diskussion um die Postmoderne hatte weltweite Resonanz.

Der Ansatz von Jacques Derrida (1930–2004) argumentiert auf sehr anspruchsvollem hermeneutischem Niveau. Er wurde der einflussreichste Vertreter der Postmoderne. Derrida wurde in Algerien geboren. Seine jüdische Herkunft wirkt sich in seinem Denken deutlich aus, auch durch den Einfluss von Levinas. Von 1965–1984 war er Professor in Paris. Sein Denken beginnt mit der Interpretation der Phänomenologie Husserls, die er mit Heidegger weiterdenkt. 1967 erscheinen drei Schriften, die seinen Grundgedanken explizieren: Seine *Grammatologie* (dt. 1974), der Sammelband *L' Écriture et la différence* (*Die Schrift und die Differenz*, 1972) und *La voix et le phénomène. Introduction au problème du signe dans la phénoménologie de Husserl* (*Die Stimme und das Phänomen*, 1979). Derrida vertritt eine sprachphilosophisch gewendete Modifikation der Heideggerschen «ontologischen Differenz»: Wir benötigen bei aller Artikulation von Sinn je bereits sprachliche Mittel, um überhaupt etwas verstehen zu können. Die traditionelle Ontologie und Metaphysik übersprang, verfehlte und verdrängte diese Vorgängigkeit der sprachlichen Vermittlung und entwarf daher die «Präsenzmetaphysik», die davon ausgeht, dass wir unser Denken des Seins und des Seienden welcher Art auch immer unmittelbar sprachlich repräsentieren können. Ebenso versucht noch die Phänomenologie Husserls, die Phänomene, wie sie sich von sich selbst her zeigen, zu beschreiben. So, wie nun Heidegger die ontologische Differenz kritisch entfaltet, indem er das *Dass* des sich-zeigenden Seienden fundamental von jedem Seienden unterscheidet und so eine *Destruktion* der Vorhandenheitsontologie unternimmt, so unterscheidet Derrida fundamental die Modi der sprachlichen Vergegenwärtigung jeglichen Seins vom artikulierten Sinn selbst. Mit seinem Projekt der «*déconstruction*» verlagert er somit Heideggers ontologische Differenz gewissermaßen in die Sprache. Auch die phänomenologische Beschreibungssprache beansprucht das denkende Erfassen des sich je zeigenden Phänomens seinerseits wiederzugeben. Aber – und das ist der entscheidende Grundgedanke Derridas – die sprachliche Vergegenwärtigung selbst ist strukturell konstitutiv unverfügbar, und dies als Stimme wie auch als Schrift. So, wie bei Heideggers ontologischer Differenz sich das Sein jeglicher Vergegenständlichung entzieht, denn sonst wird es zu etwas Vorhandenem verdinglicht, so geschieht es gemäß Derridas Analyse, wenn wir die Bedeutung der Sprache, konkret der Stimme oder der Schrift meinen, objektivieren zu können. Die Präsenz der Sprache in der Schrift ist, anders gesagt, ein täuschender Schein. Die Schriftlichkeit des Denkens zeigt in Wahrheit, dass unser Verständnis der Verschriftung uns stets entzogen ist und bleibt. Durchaus auch unter Verwendung der Analyse der Ekstasen der Zeitigung der Zeitlichkeit aus Heideggers *Sein und Zeit* zeigt unser zeitliches Schriftverstehen, dass unser Verständnis stets *noch aussteht*, und wir das Satz-, Wort- und Sinnverständnis jeweils noch «aufschieben», während es, bezogen auf das bereits Gelesene, Gehörte, Gesprochene, jeweils *schon vergangen* ist, und wir es nur noch erinnernd vergegenwärtigen können. Kurz formuliert: Sprachlicher Sinn wird nur in seiner zukünftigen Abwesenheit und Entzogenheit antizipiert, oder er wird in seiner vergangenen Abwesenheit und Entzogenheit zu erinnern versucht. Er selbst ist nie «da». Diese semantische Differenz erstreckt sich nach Derrida auf alle Texte und alles Textverstehen. Auch die mit Texten verbundenen semantischen und pragmatischen Kontexte sind entzogen, wenn wir sie assoziieren und gedanklich hinzufügen. Auf diese Weise erhält bei Derrida der ursprüngliche Sinn eines Textes etwas konstitutiv Kryptisches. Er verweist auf unübersehbar viele und komplexe weitere Texte. Traditionell gesagt: Das Absolute – der ursprüngliche Sinn – ist in seiner Unendlichkeit verborgen. So berührt sich die kritische Hermeneutik mit einer negativen Theologie, und es gibt viele Anzeichen dafür, dass Derrida seine Hermeneutik der Differenz in Analogie zur jüdischen Tradition der Verborgenheit des heiligen Textes, der Thora, des Wortes Gottes, ausgearbeitet hat.

Dennoch lässt sich seine negativ-kritische Analyse auch unabhängig von solchen Traditionen durchaus rational-textkritisch aufnehmen. Derrida weist theologische Bezüge selbst explizit zurück. Seine Differenz, die er mit dem Kunstwort *différance* (anders geschrieben als «différence») bezeichnet, weist auf die Unerreichbarkeit, die Nichtobjektivierbarkeit sprachlichen Sinns hin. Indem wir den Sinn eines Textes zu verstehen versuchen, *wiederholen* wir den sich uns in den *Zeichen* der Schrift zeigenden Sinn gemäß unserem Verständnis. Die Zeichen der Schrift sind somit in der Terminologie Derridas nur die *Spur* (*la trace*) ursprünglichen Sinns. Die abendländische Metaphysik und Ontologie hatte die Präsenz von Sein und Sinn im Denken zugrundegelegt. Sie war, so Derrida, «phonozentrisch» orientiert, weil die Stimme und die gesprochene Sprache diese Präsenz suggerieren. Derridas Grammatologie lehrt demgegenüber den Vorrang der Schrift, die sich aber im Sinn der «abwesenden» Differenz ständig entzieht. Seine Dekonstruktion richtet sich gegen den abendländischen Logozentrismus und auch gegen die mit diesem verbundenen Machtansprüche (Bezug auf Foucault). In vielen anderen Arbeiten wendet Derrida seine Methode der Dekonstruktion auf die Geltung von Gesetzen (*Gesetzeskraft. Der mystische Grund der Autorität*, 1991), auf die Psychoanalyse, den Marxismus und die europäische Politik an. Er setzt sich politisch für Befreiungsbewegungen in Tschechien, Südafrika und Palästina ein. Die Wirkung seines Werkes ist zunächst sehr stark im Bereich der amerikanischen Literaturwissenschaften, in denen die Dekonstruktion zu einer der einflussreichsten Methodenlehren aufsteigt. Von dort aus wirken Derridas Gedanken wiederum auf Europa zurück. Sie eröffnen innovative Formen des Umgangs mit Texten, die auf vielfältige Weisen «auseinandergenommen» werden können. Derrida zeigt dies insbesondere durch seinen Umgang mit klassischen, kanonischen Texten. Er beginnt daraufhin auch eine intensive Diskussion mit Gadamer und mit Habermas, die beide in ihren Kritiken gegen die Preisgabe hermeneutischer wie auch philosophischer Wahrheits- und Geltungsansprüche durch die Dekonstruktion argumentieren.

12. Ausblick in die Gegenwart – innovative Entwicklungen

Die Entwicklung in der zweiten Hälfte des 20. Jahrhunderts zeigt eine intensive Ausdifferenzierung und wechselseitige Beeinflussung der philosophischen Schulen und Richtungen auf der nationalen wie internationalen Ebene. Die klassischen Ansätze der antiken Philosophie, metaphysische, transzendentalphilosophische und dialektische Traditionen werden systematisch aufgegriffen, rekonstruiert und transformiert. Phänomenologie, Hermeneutik und Sprachphilosophie treten in Verbindung und bilden neue Ansätze aus, die sich ebenfalls in produktiven, innovativen Interpretationen und Aneignungen traditioneller philosophischer Entwürfe bewähren.

Auf komplexe Weise haben sich Hermeneutik und die Arbeit an der Philosophiegeschichte seit den 1960er Jahren weiterentwickelt. In Deutschland entsteht auf Initiative von Joachim Ritter (1903–1974) das ab 1971 erscheinende *Historische Wörterbuch der Philosophie*, dessen 13. und letzter Band 2007 erschien. Das voluminöse Werk, an dem über 1000 Beiträger mitarbeiteten, wendet die Methode der *Begriffsgeschichte* auf die Philosophie an. Das Werk wird weltweit als eines der hilfreichsten Wörterbücher für die philosophische Forschung anerkannt. Die Schule Ritters, der auch politisch einen aristotelisierenden Hegelianismus vertrat (*Metaphysik und Politik*, 1969), z.B. Hermann Lübbe (geb. 1926), Odo Marquard (geb. 1928) und Robert Spaemann (geb. 1927), entwickelt in der Bundesrepublik Formen eines aufgeklärten, modernen Konservativismus mit pragmatischen, skeptischen und religionsphilosophischen Elementen, der als einflussreiches Gegengewicht gegen die Kritische Theorie der Frankfurter Schule wirkt.

Philippa Foot (geb. 1920) entfaltet eine differenzierte Reflexion in den Bereichen der Sprachkritik, der Tugendethik und der Angewandten Ethik. Sie kritisiert den Kantschen kategorischen Präskriptivismus und rekonstruiert demgegenüber moralische Normen als situationsabhängige hypothetische Imperative mit dem Ziel des guten Lebens (*Natural Goodness*, 2001).

Agnes Heller (geb. 1929) legte als Schülerin von Lukács kapitalismuskritische Untersuchungen zum *Alltagsleben* (1970) und zum Bedürfnisbegriff (*A Theory of Need in Marx*, 1974; *Theorie der Bedürfnisse bei Marx*, 1976) vor und arbeitet an den ethischen Grundlagen der Sozialphilosophie (*General Ethics, 1988; A Philosophy of Morals*, 1990).

Dieter Henrich (geb. 1927) untersucht grundlegend die Transzendentalphilosophie und den Deutschen Idealismus (*Fichtes ursprüngliche Einsicht*, 1966; *Hegel im Kontext*, 1971). Er nimmt über den hermeneutischen Ansatz seines Lehrers Gadamer hinaus eine «argumentierende Rekonstruktion» der Texte vor und thematisiert die transzendentalen Konzeptionen des unhintergehbaren Selbstbewusstseins, dessen Grund genetisch unableitbar bleibt (*Der Grund im Bewusstsein*, 1992). Neue Untersuchungen rekonstruieren die Entwicklung des Deutschen Idealismus (*Grundlegung aus dem Ich. Untersuchungen zur*

Vorgeschichte des Idealismus. Tübingen – Jena 1790–1794. 2 Bde. 2004).

Hans Blumenberg (1920–1996) legt mit seinen *Paradigmen zu einer Metaphorologie* (1969) einen ganz eigenständigen Ansatz der hermeneutischen Sprachreflexion vor. Er untersucht die vielfach untergründig leitenden sprachlichen Bilder und Bildwelten, die die philosophische Reflexion charakterisieren, zunächst im Blick auf *Die Kopernikanische Wende* (1965) und *Die Genesis der Kopernikanischen Welt* (1975). Im grundlegenden Werk *Die Legitimität der Neuzeit* (1966) wendet er sich gegen verbreitete Säkularisierungstheorien, die behaupten, die Neuzeit sei wesentlich aus Verweltlichungsprojekten theologischer Inhalte zu verstehen, so v. a. Karl Löwith (1897–1973). In *Arbeit am Mythos* (1979), *Die Lesbarkeit der Welt* (1981), *Höhlenausgänge* (1989) und anderen Texten erläutert Blumenberg seine Kernthese, dass unser Welt- und Selbstverständnis bleibend durch mythische und metaphorische Elemente geprägt ist.

Jean Baudrillard (geb. 1929) analysiert in seinem Hauptwerk *Der symbolische Tausch und der Tod* (1976) die Gründe der Entwertung und Austauschbarkeit humaner Verhältnisse in der Spätmoderne. Mit seinem Grundbegriff der *Simulation* versucht er, die Zerstörung der Kommunikation durch technische Medien zu erfassen (*Videowelt und fraktales Subjekt*, 1989; *Die Illusion und die Virtualität*, 1994).

Gianni Vattimo (geb. 1936) entwirft in Italien eigene Ansätze zu einer reflektierten Hermeneutik, die unter der Bezeichnung «schwaches Denken» (*il pensiero debole*) bekannt wurden. In *Al di là del soggetto* (1981; *Jenseits vom Subjekt*, 1986) argumentiert er dafür, die gegenwärtige, postmoderne Gesellschaft nicht länger mit «starken», metaphysischen Kategorien (z. B. Ewigkeit, Evidenz, Herrschaft, Autorität) zu denken, sondern mit schwachen, geschichtlichen, der Endlichkeit und Sterblichkeit bewussten Begriffen. Vattimo ist im Anschluss an Nietzsche und Heidegger vom Ende der Moderne, dem Ende der Metaphysik und auch vom Ende geschichtsphilosophischer Fortschrittsvorstellungen überzeugt. Das «schwache Denken» soll sich als ästhetisches Erleben, als eine Ethik der Güter (nicht der

Ziele) entfalten, als ein Denken der Vielfalt der komplexen Überlieferungsgeschichte und (mit Heidegger) als technik-kritische «Verwindung» der wissenschaftlichen Welt.

Charles Taylor (geb. 1931) setzt philosophisch-anthropologisch an, um gegen die Naturwissenschaften und ihren Naturalismus, Reduktionismus und Funktionalismus ebenso wie gegen utilitaristische und sozialtechnologische Theorien ein hermeneutisch angemessenes Verständnis der menschlichen Lebenswirklichkeit zu erreichen. Behaviorismus und mechanistische Handlungstheorien greifen zu kurz (*The Explanation of Behavior*, 1964; *Erklärung und Interpretation in den Wissenschaften vom Menschen*, 1975), demgegenüber ist Hegels Sicht der Subjektivität im Kontext der sozialen, sprachlichen Praxis ins Recht zu setzen (*Hegel*, 1975). Im Hauptwerk *Sources of the Self. The Making of Modern Identity* (1989; *Quellen des Selbst*, 1994) zeigt Taylor umfassend den geschichtlichen Weg zum modernen Verständnis des Individuums und seiner komplexen Identitätskonstitution (innere Tiefe, Selbstbeherrschung, Selbsterkenntnis inmitten der alltäglichen Praxis, das Ideal der Authentizität). Die Reformation war für diesen Weg prägend. In der politischen Philosophie nimmt Taylor eine Stellung zwischen dem liberalen Universalismus der Würde und der Rechte und der kommunitaristischen Achtung von Minderheiten ein. Im neuen Hauptwerk *A Secular Age* (2007; *Ein säkulares Zeitalter*, 2009) schreibt er eine differenzierte Geschichte der Säkularisierung, die die vielfältige Weiterwirkung religiöser Traditionen in der Moderne besonders berücksichtigt. Taylor ist einer der bedeutendsten Exponenten der Erneuerung religionsphilosophischer Reflexion, in der einseitige Vorstellungen vom fortschreitenden Prozess der Säkularisierung in der Moderne überwunden werden.

Eine eigenständige Weiterentwicklung der Kritischen Theorie leistet Seyla Benhabib (geb. 1950). Sie rekonstruiert in *Critique, Norm and Utopia* (1986; *Kritik, Norm und Utopie*, 1992) im Rückgang auf Kant und Hegel Voraussetzungen kritischer Gesellschaftsanalysen, erweitert diese Analyse in *Situating the Self* (1992; *Selbst im Kontext*, 1996) um Themen der feministischen Philosophie und der Postmoderne, legt in *The Reluctant Mo-*

dernism of Hannah Arendt (1996; *Hannah Arendt. Die melancholische Denkerin der Moderne*, 1998) eine umfassende Interpretation zu Hannah Arendt vor und behandelt in *Kulturelle Vielfalt und demokratische Gleichheit* (1999) die Probleme multikultureller Gesellschaften. In ihren Untersuchungen wird die Diskursethik um materiale Fragen nach einer Ethik des guten Lebens erweitert.

Bereits durch Untersuchungen des späten Husserl und Merleau-Pontys, v. a. durch das umfassende *System der Philosophie* (5 Bde., 1964–1980) von Hermann Schmitz (geb. 1928) entwickelt sich eine systematisch erneuerte Phänomenologie, die sich gegen Formen des Subjektivismus ebenso richtet wie gegen solche des Reduktionismus, um die Lebensphänomene in ihrer tatsächlichen, authentischen Fülle und Komplexität beschreibend zu erfassen. Gegen den Dualismus von Innen- und Außenwelt setzt Schmitz umfassende Analysen leiblicher Situationen, Relationen, Gefühle und Gefühlsräume. In seiner *Phänomenologie der Leiblichkeit* entfaltet er ein Urmodell der Selbstkonstitution der menschlichen Erfahrung, in dem leibliche Enge und Weitung, Schwellung und Spannung eine zentrale Rolle spielen. Auf dieser Basis wird eine innovative Phänomenologie des menschlichen «Gefühlsraumes» erarbeitet, in der «Atmosphären» in ihrer ganzen Weite, Tiefe und Fülle erfasst werden. Die authentische leibliche Gefühlsbasis führt bei Schmitz zur praktischen Philosophie, in der Gefühle wie Zorn und Scham, Ehrfurcht und Scheu ebenfalls eine oft übersehene Bedeutung haben. Schmitz fasst seine Untersuchungen im Band *Der unerschöpfliche Gegenstand. Grundzüge der Philosophie* (1990) zusammen. Weiterführende historische und systematische Arbeiten zur internationalen phänomenologischen Diskussion und zur Neuen Phänomenologie legen Bernhard Waldenfels (geb. 1934) sowie Gernot und Hartmut Böhme (geb. 1937 und 1944) vor.

Die analytische Sprachphilosophie hat sich auf vielfältige, komplexe Weise weiterentwickelt und ausdifferenziert.

Herbert Paul Grice (1913–1988) gehört neben Ryle, Austin und Strawson zur Oxford-Philosophie, versucht aber, die Semantik der Alltagssprache auf psychologische Begriffe (Meinen,

Ansicht, Überzeugung, Wunsch) zurückzuführen (*Studies in the Way of Words*, 1998).

Donald Davidson (1917–2003) greift Quines These von der Unbestimmtheit der Übersetzung auf und wird mit seinem Ansatz der «radikalen Interpretation» bekannt: Wie verstehen wir das sprachliche Verhalten der Sprecher einer uns fremden Sprache? Ohne Kenntnis ihrer Intentionen und ohne zu wissen, was ihre sprachlichen Äußerungen bedeuten, ist eine Interpretation unmöglich. Als Evidenzkriterium fungiert daher die Einstellung des Fürwahrhaltens von Sätzen (*Radical Interpretation*, 1979). Im Rahmen seiner Handlungstheorie entwickelt Davidson Kriterien gegen eine deterministische Sicht mentaler Ereignisse.

Stephen E. Toulmin (1922–2009) ist vom späten Wittgenstein beeinflusst und analysiert ethische Argumentationsformen. Er zeigt, wie sich im 17. Jahrhundert im Anschluss an Descartes ein kontextloses, abstrakt-reines Rationalitätsideal herausbildet, das die weitreichenden Vernunftpotentiale der traditionellen Topik und der Rhetorik für die Ethik verdrängt und vergessen lässt (Montaigne und Pascal stehen gegen diese Entwicklung). Es gilt nach Toulmin, diese Potentiale im Rückgang auf Renaissance und Humanismus in Gestalt einer *informalen Logik* zurückzugewinnen. In seinem Hauptwerk *Human Understanding* (Bd. 1: *The Collective Use and Evolution of Concepts*, 1972; *Kritik der kollektiven Vernunft*, 1983) rekonstruiert er historisch-genetisch und pragmatisch die Entwicklung der wissenschaftlichen Rationalität (Einfluss auf Kuhn und Feyerabend).

Arthur C. Danto (geb. 1924) verfasst eine *Analytic Philosophy of History* (1965), in der er den eigenständigen Status *narrativer*, erzählender Erklärungen für historische Ereignisse herausarbeitet. In der analytischen Handlungstheorie versucht er, einen Begriff von *Basishandlungen* zu gewinnen, die dadurch definiert sind, dass sie nicht durch den Vollzug einer anderen Handlung ausgeführt werden (z. B. elementare Körperbewegungen). Seit den 1980er Jahren arbeitet Danto im Bereich der Ästhetik und der Philosophie der Kunst.

Hilary Putnam (geb. 1926) entwickelt einen wissenschaftlichen Realismus, der sich auf Theorien als ganze und nicht auf einzelne Sätze bezieht. Eine Abbildtheorie der Bedeutung, die Korrespondenztheorie eines metaphysischen Realismus ist unmöglich: Wir müssten aus unseren Sprachgebrauchskontexten aussteigen und den Blick Gottes auf die Welt richten können, um sie vertreten zu können. Demgegenüber entwickelt Putnam einen «internen Realismus»: Nur über unsere Interpretationspraxis lässt sich ein Gegenstandsbezug begreifen – relativ zu einem bestimmten Beschreibungssystem.

Ernst Tugendhat (geb. 1930) untersucht zunächst aristotelische Grundbegriffe (*Ti kata tinós*, 1958) und den *Wahrheitsbegriff bei Husserl und Heidegger* (1966). Er vollzieht dann eine sprachanalytische Wende, hält Vorlesungen zur *Einführung in die Sprachanalyse* (1976) und setzt die Sprachanalyse zur Klärung der Problematik des Selbstbewusstseins ein (*Selbstbewusstsein und Selbstbestimmung*, 1979). Dabei steht die Analyse der Prädikation von Bewusstseinszuständen in der ersten Person mit ihrem Wahrheitsanspruch («Ich weiß, dass 2 + 2 = 4.») im Zentrum. Sie führt Tugendhat zu Grundfragen der Ethik (*Probleme der Ethik*, 1984; *Vorlesungen über Ethik*, 1993), die er durch die analytische Rekonstruktion von moralischen Gefühlen (Schuld, Scham, Empörung, Selbstwertgefühl) zu klären versucht und auf die Konzeptionen der Gerechtigkeit und der Menschenrechte ausdehnt. Neuere Untersuchungen behandeln anthropologische und religionsphilosophische Probleme (*Egozentrizität und Mystik*, 2003; *Anthropologie statt Metaphysik*, 2007).

John H. McDowell (geb. 1942) verknüpft Interpretationen zu Aristoteles und zur praktischen Philosophie mit erkenntniskritischen Untersuchungen. Eine Aufspaltung (Dichotomie) von Tatsachen und Werten ist ihm zufolge irreführend. Vielmehr erfahren wir Wirklichkeit bereits von Beginn an im Medium unserer «zweiten Natur» (Aristoteles), unserer sozialen und kommunikativen Identität.

In der Weiterentwicklung der Analytischen Philosophie wird ihre Öffnung zu anderen systematischen Ansätzen und zur traditionellen Philosophie seit den 60er Jahren immer deutlicher. Diese Öffnung zur Hermeneutik, zur Dialektik und zur Transzendentalphilosophie wird stark durch die Wirkung des späten Wittgenstein befördert. Stanley Cavell (geb. 1926) macht in seinen Untersuchungen zu Wittgenstein in kulturphilosophisch-lebenspraktischer Perspektive die Endlichkeit und Verletzlichkeit des Menschen bewusst. (*The Claim of Reason. Wittgenstein, Skepticism, Morality, and Tragedy*, 1979). Robert Brandom (geb. 1950) legt grundlegende Bedeutungsanalysen vor, die akribisch die normativen Geltungsansprüche unserer Sprachpraxis herausarbeiten (*Making it Explicit. Reasoning, Representing, and Discursive Commitment*, 1994; *Expressive Vernunft, Begründung, Repräsentation und diskursive Festlegung*, 2000).

Die Rehabilitation der praktischen Philosophie ist eine der wichtigsten Entwicklungen seit den 1960er Jahren. Entscheidend für diese Erneuerung der ethischen, moralischen, rechtstheoretischen und politisch-philosophischen Reflexion sind die Werke von Rawls sowie die Herausbildung der Diskursethik, des Neoaristotelismus und des Kommunitarismus.

Das Erstarken der Ethik hat auch mit den neuen Herausforderungen zu tun, mit denen sich die Entwicklung der Menschheit konfrontiert sieht: Angesichts der Umweltproblematik und der Erschöpfung der natürlichen Ressourcen entsteht die *ökologische Ethik*, ebenso angesichts der fortschreitenden wissenschaftlich-technischen Möglichkeiten die *Ethik der Technik* und der Technikfolgenabschätzung. Heideggers Schüler Hans Jonas (1903–1993) thematisiert bereits 1973 in *Organismus und Freiheit* die menschliche Leiblichkeit im Rahmen einer philosophischen Biologie. Er versucht, gegen alle Dualismen von Materie und Geist, Freiheit und Natur den Begriff der Freiheit bereits auf der Ebene des Stoffwechsels anzuwenden und entwickelt eine ganzheitliche Lebensphilosophie, in der das Organische das Geistige von Beginn an vorbildet. In seinen späteren Arbeiten rückt Jonas das Verhältnis von Technik und Ethik ins Zentrum. In seinem Hauptwerk *Das Prinzip Verantwortung* (1979) thematisiert er die bisherige Ethik kritisch aufgrund ihrer Anthropozentrik und ihres Aktualismus. Vielmehr müssten wir die Verletzlichkeit der Natur ebenso wie das Eigenrecht künftiger Generationen einbeziehen: in einer Zukunftsethik der Erhaltung, Bewahrung und Verhütung nach dem Prinzip: «Handle so, dass die Wirkungen deiner Handlungen verträglich sind mit der Permanenz echten menschlichen Lebens auf Erden.» Jonas wendet diese Ethik dann in *Technik*, *Medizin* und *Ethik* (1985) auf Fragen der Humanbiologie und Medizin an: Die Integrität des endlichen Menschen und seine Würde werden gegen die immer größeren technischen Möglichkeiten der Lebensverlängerung, Organtransplantation und Genmanipulation akzentuiert.

Die technologische Entwicklung führt zu neuen Fragen der *Medizin*- und *Bioethik*: Welche Maßnahmen für eine Lebensverbesserung sind sinnvoll, welche tendieren zu einem technologischen «Perfektionismus» am Menschen? Einer der wichtigsten Autoren ist hier Peter Singer (geb. 1946) und sein Utilitarismus, der davon ausgeht, dass das Gute stets über unsere Bedürfnisse und unser Glückstreben bzw. unsere Strategien, Leid und Schmerz zu vermeiden, funktional bestimmt werden kann («Präferenzutilitarismus»). Auf dieser – vielfach kritisierten – Grundlage beurteilt Singer materiale Kontroversen in den Bereichen der Eugenik, der Gentechnologie, der Euthanasie und Sterbehilfe, der Abtreibung und der Forschung mit embryonalen Stammzellen (*Practical Ethics*, 1979; *Praktische Ethik*, 1984). Auch die *Tierethik* wird angesichts der Nutzung der Tiere und der Massentierhaltung neu diskutiert. Angesichts der Anforderungen und Zwänge des Lebens in hochmodernen Gesellschaften stellen sich erneut Fragen nach sinnvollen Möglichkeiten der Lebensgestaltung, nach dem menschenmöglichen Glück und nach einer Philosophie der Lebenskunst, wie sie bereits in der Antike entwickelt wurde. Die große moderne Entwicklung der Frauenemanzipation stellt neue Fragen, die im Kontext der *feministischen Ethik* umfassend diskutiert werden. Diese feministische Ethik und Philosophie spaltete sich in zwei entgegengesetzte Lager: In das der Ontologie, des Essentialismus der Geschlechter einerseits, das des radikalen Konstruktivismus (das Geschlecht als soziales Konstrukt) andererseits. Luce Irigaray (geb. 1930) entwickelt in ihrem Hauptwerk *Spéculum de l'autre femme* (1974; *Speculum. Spiegel des anderen Geschlechts*, 1980) eine feministische Philosophie der sexuellen Differenz im Anschluss an Lacan und Derrida, die auch zu einer Ethik führt (*Éthique de la différence sexuelle*, 1984; *Ethik der sexuellen Differenz*, 1991). In ihr bildet die inkommensurable Alterität der weiblichen Erfahrung die Grundlage für spezifische Rechte der Frauen. Auch Julia Kristeva (geb. 1941) schließt an die Psychoanalyse und Lacan an und reflektiert die Geschlechterdifferenz semiotisch als Differenz von Körper und Sprache (*Étrangers à nous-mêmes*, 1988; *Fremde sind wir uns selbst*, 1990).

Judith Butler (geb. 1956) entwirft ein radikales Plädoyer für die Freiheit der Frau (*Bodies that matter*, 1993; *Körper von Gewicht. Die diskursiven Grenzen des Geschlechts*, 1995) und knüpft dabei an die Machtanalysen von Foucault an (*The Psychic Life of Power. Theories of Subjection*, 1997; *Psyche der Macht. Das Subjekt der Unterwerfung*, 2001).

Da die Menschen in den entwickelten Gesellschaften immer älter werden, entsteht eine *Ethik des Alterns*, die die Probleme und die Chancen dieser ganz neuen Lebenssituation für die Einzelnen und für die Gesamtgesellschaft klären will.

Außerhalb der Universität bilden sich insbesondere zur Ethikberatung *philosophische Praxen* sowie philosophische Diskussionsforen auch in den Medien, die das breitere gesellschaftliche Interesse an Philosophie und das Bedürfnis nach Klärung von Sinn- und Geltungsfragen anzeigen. Vorwiegend in den neuen Bundesländern ist die Philosophie/Ethik ein mittlerweile fest institutionalisiertes *Schulfach*, in dem die Schüler/innen philosophisch gebildet und aufgeklärt werden und Grundfragen des Lebens- und Weltverständnisses gemeinsam erörtern können.

Die Entwicklung der Gehirnforschung und Neurobiologie löst gegenwärtig eine intensive Diskussion um die menschliche Freiheit (oder kausale Determiniertheit durch messbare neuronale Prozesse) aus – ein wahrlich klassisches Grundthema der Philosophie. Bestimmen uns diese Gehirnprozesse bereits, bevor wir (illusionär) glauben, dass wir frei handeln? Oder lässt sich die Freiheit und Autonomie, die Selbstbestimmung des Menschen – Grundlage und unverzichtbare Voraussetzung von Moral und Recht und damit unseres demokratischen Rechtsstaats – doch systematisch begründen und rechtfertigen?

Personenregister